EL ARTE DE LA COMUNICACIÓN

DAVID SANDUA

El arte de la comunicación.

eBook & Paperback Edition.

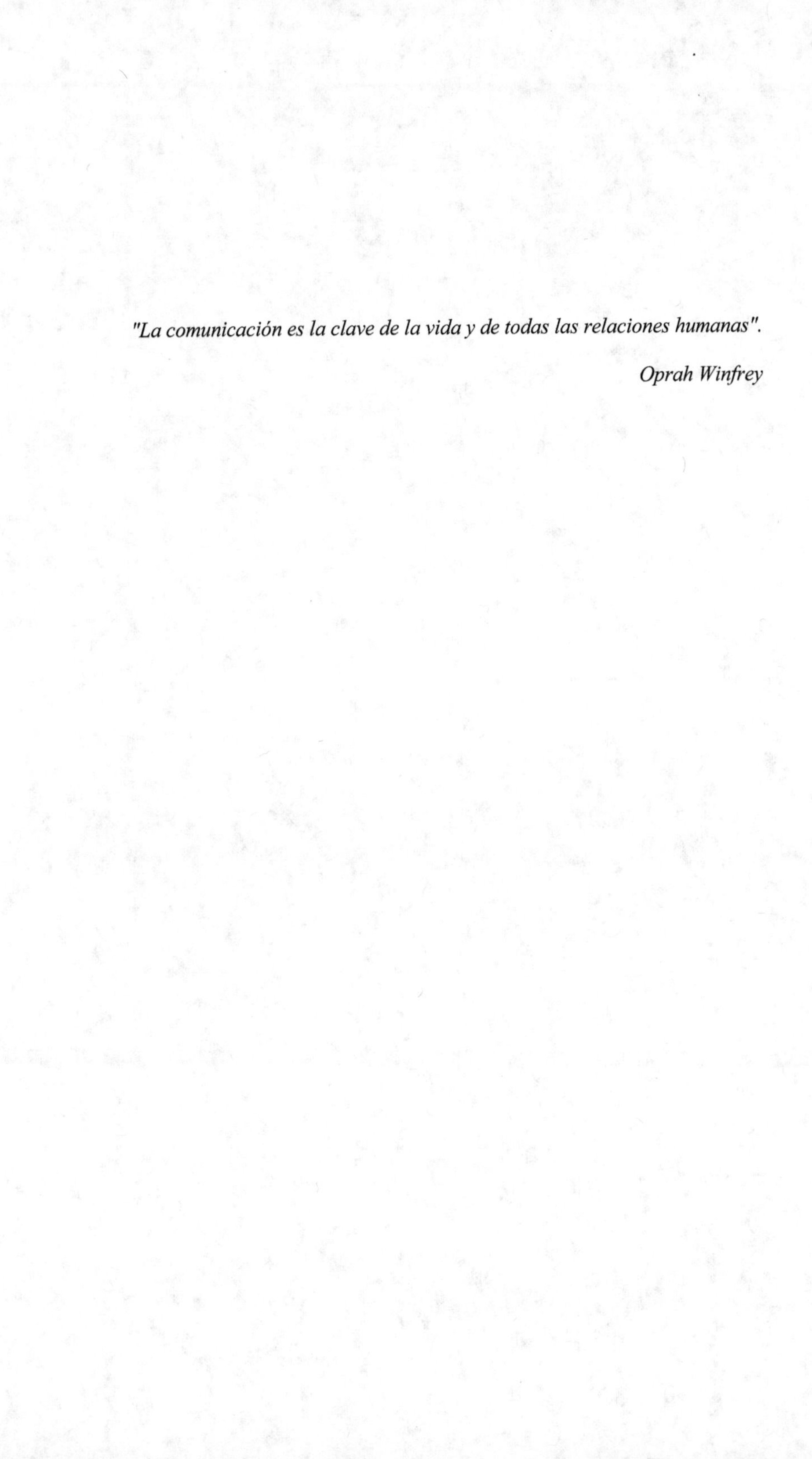

"La comunicación es la clave de la vida y de todas las relaciones humanas".

Oprah Winfrey

ÍNDICE

I. INTRODUCCIÓN

En la era de los rápidos avances tecnológicos y la globalización sin precedentes, la comunicación eficaz se ha convertido en una habilidad indispensable para las personas de diversos campos. El arte de la comunicación abarca no sólo la capacidad de articular pensamientos con claridad, sino también la capacidad de escuchar activamente y comprender diversas perspectivas. Este libro profundiza en la naturaleza polifacética de la comunicación y su importancia en contextos personales y profesionales. Explora cómo una comunicación eficaz puede fomentar relaciones más sólidas, facilitar la resolución de conflictos y aumentar el éxito profesional. Destaca el papel crucial de la empatía, la escucha activa y las señales no verbales en el fomento de una comunicación eficaz. Al examinar el papel de la comunicación en las relaciones interpersonales, la dinámica laboral y el discurso social, este libro pretende subrayar la importancia intemporal de este arte en el mundo moderno.

DEFINICIÓN DE COMUNICACIÓN

La comunicación es un proceso dinámico e intrincado que permite a los individuos intercambiar información, ideas y emociones. Es la base de la interacción humana y es esencial para el funcionamiento de la sociedad. La comunicación abarca no sólo el lenguaje verbal, sino también las señales no verbales, como los gestos, las expresiones faciales y el lenguaje corporal. En esencia, la comunicación consiste en compartir significados, permitiendo a los individuos transmitir sus pensamientos e intenciones a los demás. Es un concepto polifacético que existe en varias formas y se produce a través de diversos medios, como las conversaciones cara a cara, los mensajes escritos y las plataformas digitales. Una comunicación eficaz requiere que tanto el emisor como el receptor participen activamente en el proceso, comprendiendo e interpretando correctamente los mensajes que se transmiten. En este proceso influyen el contexto, las normas culturales, las experiencias personales y el uso de diversas herramientas de comunicación. La comunicación tiene el poder de conectar a las personas, fomentar las relaciones y salvar las diferencias culturales. La mala comunicación o la falta de comunicación pueden provocar malentendidos, conflictos y la desintegración de la sociedad. Comprender la definición de comunicación es crucial para que las personas puedan desenvolverse con éxito en su vida personal y profesional. La comunicación verbal es quizá la forma de comunicación más frecuente y reconocible. Implica el uso de palabras habladas o escritas para transmitir información e ideas. La comunicación verbal abarca conversaciones, discursos, conferencias y textos escritos, como cartas, correos electrónicos y artículos. Las palabras utilizadas en la comunicación verbal tienen un significado, que está determinado por la intención del hablante, el tono y el contexto en el que se pronuncian. Es esencial reconocer que las palabras tienen significados y connotaciones distintos en contextos y culturas diferentes, lo que puede dar lugar a interpretaciones erróneas. Una palabra considerada inocua en una cultura puede ser ofensiva en otra. Las personas deben ser conscientes de sus elecciones lingüísticas y adaptar su comunicación en consecuencia para garantizar la comprensión y evitar daños involuntarios. La comunicación no verbal, por otra parte, implica el uso del lenguaje corporal, las expresiones faciales y los gestos para transmitir mensajes. A menudo se produce simultáneamente con la comunicación verbal y puede reforzar o contradecir las palabras habladas. Las señales no verbales, como una sonrisa cálida, un apretón de manos firme o un movimiento de cabeza, pueden transmitir emociones, actitudes e intenciones con más eficacia que las palabras por sí solas. Aportan un contexto y una riqueza adicionales al proceso de comunicación. Al igual que la comunicación verbal, la comunicación no verbal también está influida por la cultura y las experiencias personales. Lo que en una cultura puede interpretarse como una señal de respeto, en otra puede considerarse una falta de respeto. Es crucial comprender e interpretar estas señales no verbales con precisión y sensibilidad para garantizar una comunicación eficaz. La comunicación puede producirse a través de diversos medios, como las interacciones cara a cara, los mensajes escritos y las plataformas digitales. Cada medio presenta oportunidades y retos únicos para la comunicación. Las interacciones cara a cara permiten una retroalimentación inmediata, el intercambio de señales no verbales y el establecimiento de una buena relación entre las personas. En un mundo que avanza tecnológicamente, la comunicación digital es cada vez más frecuente. Las plataformas digitales, como el correo electrónico, las redes sociales y las videoconferencias, ofrecen comodidad y accesibilidad. Permiten a las personas comunicarse con otras independientemente de su ubicación geográfica y zona horaria. Sin embargo, la comunicación digital a menudo carece de la riqueza de las señales no verbales y puede ser impersonal. Las interpretaciones erróneas y los malentendidos pueden producirse más fácilmente en ausencia de una respuesta inmediata y de contexto. Las personas deben ser conscientes del medio que eligen y adaptar sus habilidades comunicativas en consecuencia. La comunicación es un proceso polifacético y dinámico que implica el intercambio de información, ideas y emociones entre individuos. Abarca señales verbales y no verbales y se produce a través de diversos medios. La comunicación eficaz requiere la participación activa tanto del emisor como del receptor, haciendo hincapié en la comprensión y la interpretación precisa de los mensajes. La comunicación puede verse influida por el contexto, las normas culturales, las experiencias personales y el uso de distintas herramientas de comunicación. Las personas deben tener una comprensión clara de la definición de comunicación y poseer sólidas habilidades comunicativas para desenvolverse con éxito en su vida personal y profesional. La falta de comunicación eficaz puede provocar malentendidos, conflictos y la desintegración de la sociedad. Reconociendo las complejidades de la comunicación y esforzándose continuamente por mejorar sus habilidades comunicativas, las personas pueden mejorar sus relaciones, fomentar la comprensión y contribuir positivamente a la sociedad.

LA IMPORTANCIA DE UNA COMUNICACIÓN EFICAZ EN DIVERSOS ASPECTOS DE LA VIDA

La comunicación eficaz es de suma importancia en diversos aspectos de la vida, ya que desempeña un papel fundamental en las relaciones personales, el éxito profesional y el desarrollo de la sociedad. En primer lugar, en las relaciones personales, la comunicación eficaz permite a los individuos expresar sus pensamientos, sentimientos y necesidades, fomentando la comprensión y la empatía entre parejas, familiares y amigos. La comunicación abierta y honesta ayuda a generar confianza y refuerza el vínculo entre las personas, garantizando unas relaciones más sanas y satisfactorias. La comunicación eficaz es vital para resolver conflictos y abordar los malentendidos que puedan surgir. Escuchando activamente y expresándose con claridad, las personas pueden reducir los malentendidos, calmar las tensiones y encontrar puntos en común, lo que da lugar a relaciones más sólidas y armoniosas. Además de las relaciones personales, la comunicación eficaz es crucial para el éxito profesional. La capacidad de comunicarse de forma clara y concisa es muy valorada por los empresarios, ya que facilita la colaboración eficaz, la resolución de problemas y la toma de decisiones en el lugar de trabajo. Los profesionales que pueden expresar sus ideas, opiniones y conocimientos con claridad tienen más probabilidades de destacar y ser reconocidos por sus contribuciones. La comunicación eficaz mejora la dinámica de equipo y contribuye a la productividad y el éxito generales de una organización. La comunicación eficaz permite a las personas comprender las perspectivas de sus colegas, compartir información y coordinar esfuerzos, lo que mejora el trabajo en equipo, la moral y los resultados. La comunicación eficaz es esencial para el desarrollo de la sociedad. En el mundo interconectado y globalizado de hoy, la comunicación eficaz permite a personas de diversos orígenes comprender y apreciar los puntos de vista de los demás, fomentando la comprensión y la armonía culturales. También facilita el intercambio de conocimientos e ideas, esencial para los avances científicos, las innovaciones tecnológicas y el progreso social. La comunicación eficaz es vital para la democracia y el compromiso cívico. Mediante la oratoria, la escritura y las habilidades de comunicación interpersonal, las personas pueden expresar sus opiniones, defender determinadas causas y contribuir al discurso público. La comunicación eficaz capacita a las personas para expresar sus preocupaciones, exigir responsabilidades a las instituciones y participar activamente en los procesos de toma de decisiones, garantizando el funcionamiento de una democracia vibrante e integradora. A pesar de reconocer la importancia de la comunicación eficaz, muchas personas tienen dificultades con esta habilidad. Existen varias barreras que dificultan la comunicación eficaz, como las barreras lingüísticas, las diferencias culturales y el uso excesivo de la tecnología. Las barreras lingüísticas pueden impedir la comunicación, ya que las personas que hablan lenguas distintas pueden tener dificultades para entender los mensajes de los demás. Del mismo modo, las diferencias culturales pueden dar lugar a malentendidos, ya que las personas pueden interpretar los gestos, las palabras y las normas de forma diferente. Es esencial salvar estas distancias y desarrollar la sensibilidad cultural para garantizar una comunicación eficaz en entornos diversos. El uso excesivo de la tecnología ha planteado nuevos retos a la comunicación eficaz. En la era digital actual, las personas dependen en gran medida de los mensajes de texto, el correo electrónico y las plataformas de medios sociales para comunicarse, ya sea por comodidad o como consecuencia de la actual pandemia de COVID-19. Estas formas de comunicación carecen de señales no verbales, como las expresiones faciales y el tono de voz, que son cruciales para transmitir emociones y evitar malas interpretaciones. La brevedad e informalidad de la comunicación digital puede socavar la claridad y precisión de los mensajes. Es esencial encontrar un equilibrio entre la comunicación mediada por la tecnología y las interacciones cara a cara, garantizando que la comunicación eficaz no se vea comprometida por las limitaciones de las plataformas virtuales. El arte de la comunicación eficaz puede perfeccionarse mediante diversas estrategias. Ante todo, la escucha activa es una habilidad fundamental para la comunicación eficaz. Escuchando activamente, las personas pueden comprender mejor las perspectivas de los demás, demostrar empatía y evitar malentendidos. La escucha activa implica prestar toda la atención, mantener el contacto visual y hacer preguntas aclaratorias para garantizar la comprensión. En segundo lugar, la expresión clara y concisa es esencial para transmitir mensajes con eficacia. Utilizar un lenguaje sencillo, organizar los pensamientos de forma lógica y evitar la jerga puede aumentar la claridad y facilitar la comprensión. La comunicación no verbal, que incluye el lenguaje corporal, las expresiones faciales y los gestos, puede reforzar los mensajes verbales y garantizar su interpretación exacta. Practicar la inteligencia emocional, que implica ser consciente de las emociones propias y ajenas, es fundamental para una comunicación eficaz.

La inteligencia emocional permite a las personas regular sus emociones, responder adecuadamente a los demás y afrontar los conflictos de forma constructiva. La comunicación eficaz tiene una importancia inmensa en diversos aspectos de la vida. Mejora las relaciones personales, fomenta el éxito profesional y contribuye al desarrollo de la sociedad. A pesar de los retos que plantean las barreras lingüísticas, las diferencias culturales y la tecnología, la comunicación eficaz puede mejorarse mediante la escucha activa, la expresión clara, la comunicación no verbal y la inteligencia emocional. Dominando el arte de la comunicación eficaz, los individuos pueden forjar conexiones más fuertes, alcanzar objetivos personales y profesionales, y contribuir a una sociedad armoniosa y progresista.

OBJETIVO DEL LIBRO

El arte de comunicarse implica comprender las distintas formas de comunicación, dominar las habilidades necesarias para una comunicación eficaz y reconocer el impacto de la comunicación en las relaciones y en la sociedad. Además de dominar las habilidades necesarias para una comunicación eficaz, es crucial reconocer el impacto que la comunicación tiene en las relaciones y en la sociedad en su conjunto. La comunicación sirve de base para las relaciones, ya que permite a las personas entenderse, desarrollar la confianza y fomentar un sentimiento de pertenencia. Las relaciones, ya sean personales o profesionales, dependen de una comunicación eficaz para mantener la armonía y resolver los conflictos. La comunicación desempeña un papel importante en la configuración de la sociedad, al influir en las actitudes, los comportamientos y las normas sociales. Los medios de comunicación, por ejemplo, desempeñan un papel fundamental en la difusión de información y en la formación de la opinión pública, lo que influye en las perspectivas de la gente sobre diversos temas. El arte de la comunicación permite a las personas compartir ideas, cuestionar el statu quo y contribuir al cambio social. Al comprender el impacto de la comunicación en las relaciones y en la sociedad, las personas pueden abordar la comunicación con atención, empatía y respeto, fomentando en última instancia conexiones positivas y contribuyendo a una sociedad más armoniosa. Así pues, dominar el arte de la comunicación no sólo implica comprender las distintas formas de comunicación y adquirir las habilidades esenciales, sino también reconocer su profundo impacto en las relaciones y la dinámica de la sociedad. En el mundo actual, conectado digitalmente, se podría pensar que la comunicación nunca ha sido tan fácil. Hay una clara diferencia entre simplemente comunicarse y conectar de verdad con los demás. El arte de la comunicación va más allá del mero intercambio de palabras; implica comprender los matices de las señales no verbales, la escucha activa y la empatía. Uno debe ser capaz de transmitir eficazmente sus pensamientos y emociones y, al mismo tiempo, ser receptivo a las perspectivas de los demás. Para dominar este arte, es esencial cultivar la autoconciencia, desarrollar la inteligencia emocional y practicar técnicas de comunicación eficaces. La autoconciencia es un componente integral de la comunicación eficaz. Antes de intentar transmitir un mensaje a los demás, uno debe comprender primero sus propios pensamientos, creencias y emociones. Esta autocomprensión permite a los individuos expresarse de forma genuina y auténtica. Cuando son conscientes de sus propios valores y prejuicios, están mejor preparados para comunicarse eficazmente con los demás desde la honestidad y la franqueza. La autoconciencia permite a las personas reconocer y regular sus emociones, lo que es crucial para evitar la falta de comunicación o la escalada de conflictos. Al estar en sintonía con su propio estado emocional, las personas pueden abordar las conversaciones con una sensatez que fomenta la comprensión y la colaboración. Otro aspecto esencial de la comunicación eficaz es el desarrollo de la inteligencia emocional. Se refiere a la capacidad de reconocer, comprender y gestionar las propias emociones, así como de estar en sintonía con las emociones de los demás. La inteligencia emocional permite a los individuos ser empáticos, lo que es vital para establecer conexiones signi-

ficativas con los demás. Al empatizar con los demás, los individuos pueden comprender sus perspectivas, motivaciones y sentimientos, lo que conduce a una comunicación más productiva
y compasiva. La inteligencia emocional ayuda a los individuos
a regular sus emociones, evitando arrebatos o reacciones im-
pulsivas que pueden obstaculizar una comunicación eficaz. Al
controlar su estado emocional, los individuos pueden entablar
conversaciones con claridad y compostura, mejorando así su capacidad para transmitir su mensaje a los demás. La escucha
activa es otra habilidad crucial en el arte de comunicarse. Implica no sólo oír las palabras que se dicen, sino también prestar
atención a las señales no verbales, como las expresiones faciales, el lenguaje corporal y el tono de voz. La escucha activa requiere que las personas estén plenamente presentes en el momento, prestando toda su atención al orador. Esto demuestra
respeto y valida los pensamientos y sentimientos del interlocutor. La escucha activa permite captar señales sutiles que pueden
revelar emociones subyacentes o preocupaciones no expresadas. Al escuchar de verdad a los demás, las personas pueden
responder de forma reflexiva y respetuosa, fomentando una comunicación abierta y honesta. Las técnicas de comunicación eficaces son esenciales para transmitir el mensaje de forma clara
y concisa. Una de ellas consiste en prestar atención al lenguaje
y al tono. Es importante elegir palabras inclusivas, respetuosas
y sin prejuicios. Hay que esforzarse por utilizar un tono tranquilo,
seguro y empático. Esto ayuda a crear un entorno seguro y aco-
gedor para la comunicación. Otra técnica consiste en utilizar
habilidades de escucha activa y reflexiva. Esto implica parafrasear lo que ha dicho el interlocutor para garantizar la comprensión y demostrar que su mensaje ha sido recibido y valorado.

Esto también permite aclarar cualquier malentendido o interpretación errónea. Las personas deben hacer preguntas abiertas para animar al interlocutor a expresar sus pensamientos y sentimientos con mayor amplitud. Esto fomenta el diálogo y una comprensión más profunda entre las partes. La comunicación no verbal, como mantener el contacto visual y utilizar gestos adecuados, también es importante para transmitir el mensaje con eficacia y autenticidad. Combinando estas técnicas, las personas pueden transmitir su mensaje de forma respetuosa y fácilmente comprensible, fomentando conexiones significativas y resultados positivos. La comunicación es un arte que requiere autoconciencia, inteligencia emocional, escucha activa y técnicas eficaces. Cultivando estas habilidades, las personas pueden conectar con los demás a un nivel más profundo, fomentando la comprensión y la colaboración. En un mundo cada vez más conectado digitalmente pero desconectado emocionalmente, el arte de la comunicación adquiere una importancia aún mayor. Desarrollar estas habilidades no sólo es valioso en las relaciones personales, sino también en los entornos profesionales, donde la comunicación eficaz es clave para el éxito. El arte de comunicar no consiste simplemente en transmitir información, sino en establecer conexiones auténticas y crear un espacio en el que las personas se sientan valoradas y comprendidas. Al perfeccionar estas habilidades, podemos convertirnos en maestros de este arte y navegar por las complejidades de la interacción humana con gracia y autenticidad.

II. ENTENDER LA COMUNICACIÓN

La comunicación es un proceso complejo y polifacético que implica el intercambio de información, pensamientos e ideas entre individuos o grupos. Abarca formas de expresión tanto verbales como no verbales y desempeña un papel crucial en el desarrollo y mantenimiento de las relaciones, así como en la difusión del conocimiento y la comprensión. Para comprender realmente la comunicación, hay que tener en cuenta diversos factores, como el contexto, los participantes y los canales a través de los cuales se transmiten los mensajes. En cualquier escenario de comunicación, el contexto desempeña un papel vital en la configuración del significado y la interpretación de los mensajes. La comunicación no se produce en el vacío, sino dentro de contextos sociales, culturales y ambientales específicos. Una conversación entre amigos puede diferir significativamente de una reunión formal de negocios, tanto en el lenguaje utilizado como en los comportamientos esperados. Del mismo modo, el contexto en el que se produce la comunicación determina el uso apropiado de las señales no verbales, como los gestos, las expresiones faciales y el lenguaje corporal. Por tanto, comprender el contexto es esencial para evitar malentendidos e interpretaciones erróneas y garantizar una comunicación eficaz. Los participantes en el proceso de comunicación también influyen en la forma en que se transmiten y reciben los mensajes. Cada individuo tiene creencias, valores y experiencias únicas que conforman su estilo y preferencias de comunicación. Estos factores pueden influir en aspectos como la elección del vocabulario, el tono de voz y el nivel de formalidad empleado. Factores como el sexo, la edad y los antecedentes culturales pueden influir aún más en los estilos y expectativas de comunicación. Ser consciente de estas diferencias individuales puede ayudar a los individuos a adaptar su enfoque comunicativo para garantizar que sus mensajes sean comprendidos y bien recibidos por todos los participantes. Otro aspecto crucial de la comunicación son los canales a través de los cuales se transmiten los mensajes. La elección del medio puede influir significativamente en la eficacia y eficiencia de la comunicación. La comunicación verbal implica el uso del lenguaje para transmitir mensajes mediante palabras habladas o escritas. Permite respuestas y aclaraciones inmediatas, facilitando un intercambio de información en tiempo real. Por otra parte, la comunicación no verbal incluye diversas formas de expresión, como el lenguaje corporal, las expresiones faciales e incluso el uso de artefactos o símbolos. Las señales no verbales a menudo complementan o mejoran los mensajes verbales, aportando contexto y significado adicionales. La elección del canal puede variar en función de la naturaleza del mensaje, el impacto deseado y las capacidades de los comunicadores. Además de estos factores, la comunicación eficaz también requiere una escucha activa. Escuchar no es simplemente oír; implica prestar toda la atención al mensaje que se transmite, comprenderlo y proporcionar la retroalimentación adecuada. La escucha activa es una habilidad esencial que permite a las personas recibir mensajes con precisión y responder adecuadamente. Ser un oyente activo implica prestar atención a las señales verbales y no verbales, aclarar cualquier duda o malentendido y mostrar empatía y comprensión. Requiere un interés genuino por el interlocutor y la voluntad de invertir tiempo y esfuerzo en comprender su perspectiva. La comunicación eficaz requiere claridad y concisión en la formulación del mensaje. La capacidad de articular pensamientos e ideas de forma directa y sucinta es esencial para transmitir mensajes con eficacia. La comunicación clara implica organizar los pensamientos de forma lógica, utilizar un lenguaje apropiado y evitar la jerga innecesaria o la terminología compleja. Al hacerlo, el orador se asegura de que sus mensajes se entiendan fácilmente y reduce las posibilidades de confusión o mala interpretación. Ser conciso también ayuda a mantener la atención del oyente y evita la sobrecarga de información, mejorando así la comprensión y la retención. Las habilidades comunicativas no son innatas, sino que pueden desarrollarse y perfeccionarse mediante la práctica y la autorreflexión. Los comunicadores eficaces poseen cualidades como la autoconciencia, la empatía y la amplitud de miras. Valoran la importancia de una comunicación clara y respetuosa y buscan activamente oportunidades para mejorar sus habilidades. Son sensibles a las necesidades y preferencias de su público y están dispuestos a adaptar su estilo de comunicación en consecuencia. Desarrollar habilidades comunicativas eficaces es un proceso que dura toda la vida y que requiere un aprendizaje y una retroalimentación continuos. La comunicación es un proceso polifacético que implica el intercambio de información, pensamientos e ideas. Comprender la comunicación exige considerar diversos factores, como el contexto, los participantes y los canales. El contexto en el que se produce la comunicación determina el significado y la interpretación de los mensajes. Las creencias, valores y experiencias únicas de los participantes influyen en los estilos y preferencias de comunicación. La elección

del medio y la capacidad de escucha activa influyen en la eficacia de la comunicación. La claridad y la concisión en la formulación del mensaje mejoran la comprensión y la retención. La
comunicación eficaz es una habilidad que puede desarrollarse y
perfeccionarse mediante la práctica y la autorreflexión. Al comprender estos principios, las personas pueden convertirse en comunicadores más hábiles y fomentar interacciones más significativas y productivas.

COMUNICACIÓN VERBAL

La comunicación verbal, el acto de transmitir mensajes mediante el lenguaje hablado, es un aspecto fundamental de la interacción humana. Permite a los individuos compartir ideas, expresar emociones y coordinar acciones. En el ámbito de la comunicación verbal, hay varios factores que influyen en la eficacia del intercambio. Un factor clave es la claridad del mensaje que se comunica. Para que la comunicación verbal tenga éxito, el hablante debe articular sus pensamientos de forma que el oyente los comprenda fácilmente. Esto implica elegir las palabras adecuadas, hablar a un ritmo apropiado y utilizar señales no verbales para mejorar la comprensión. El contexto en el que tiene lugar la comunicación también desempeña un papel crucial. Comprender el trasfondo cultural y social tanto del hablante como del oyente es importante para evitar interpretaciones erróneas o malentendidos. Ciertas frases o gestos pueden tener significados distintos en culturas diferentes, y no reconocer estas diferencias puede llevar a una mala comunicación. La presencia de ruido o distracciones también puede obstaculizar la comunicación verbal, ya que puede dificultar que el oyente oiga o preste atención al orador. Es esencial encontrar un entorno adecuado para una comunicación verbal eficaz. La capacidad de escuchar activamente es primordial para el éxito de la comunicación verbal. La escucha activa implica concentrarse plenamente en lo que dice el orador, hacer preguntas aclaratorias y proporcionar información para garantizar la comprensión. Requiere que el oyente esté presente en el momento, evite interrumpir y no formule respuestas antes de que el orador haya terminado de comunicar sus pensamientos. La escucha activa no sólo garantiza una mejor comprensión del mensaje que se transmite, sino que también transmite respeto y atención al orador. Además, la comunicación verbal no se limita a las interacciones cara a cara. Los avances tecnológicos han allanado el camino a diversas formas de comunicación virtual, como las llamadas telefónicas, las videoconferencias y los mensajes de voz. Aunque estas formas de comunicación son cómodas, también plantean sus propios retos. Sin la presencia de señales físicas o lenguaje corporal, es esencial que las personas se centren en su tono de voz y en la elección de las palabras para transmitir su mensaje con eficacia. La comunicación virtual también puede dar lugar a errores de comunicación debidos a dificultades técnicas o a una mala recepción. Las personas deben ser conscientes de estos problemas y esforzarse por adaptar sus habilidades de comunicación verbal en consecuencia. La comunicación verbal no se limita a transmitir información, sino que también cumple una función social. Permite entablar relaciones, establecer una buena relación y expresar emociones. Mediante la comunicación verbal, los individuos pueden conectar a un nivel más profundo con los demás compartiendo experiencias personales o entablando conversaciones significativas. Utilizar palabras de ánimo o apoyo puede reconfortar a alguien en momentos de angustia. Por otra parte, las palabras pronunciadas irreflexivamente o sin consideración pueden causar daño y deteriorar las relaciones. Reconocer el poder de las palabras y utilizarlas con responsabilidad es clave para establecer relaciones positivas mediante la comunicación verbal. La comunicación verbal es un aspecto central de la interacción humana y desempeña un papel vital en la transmisión de mensajes, la expresión de emociones y la construcción de relaciones. La claridad del mensaje, el contexto, la escucha activa y la adaptación a diversas formas de comunicación son factores que contribuyen a una comunicación verbal eficaz. Las habilidades necesarias para el éxito de la comunicación verbal deben perfeccionarse y practicarse para mejorar la comprensión y minimizar los malentendidos. Reconociendo el poder de las palabras y utilizándolas responsablemente, las personas pueden desarrollar conexiones más fuertes y construir relaciones más significativas mediante la comunicación verbal. Dominar el arte de la comunicación verbal es un viaje continuo que requiere conciencia, empatía y un auténtico deseo de conectar con los demás.

DEFINICIÓN Y EJEMPLOS

La comunicación eficaz también requiere el uso de ejemplos apropiados para apoyar e ilustrar las ideas. Al comunicar conceptos complejos, dar ejemplos concretos puede ayudar a aclarar y reforzar la comprensión. En una clase de ciencias sobre las propiedades de la materia, un profesor puede utilizar ejemplos cotidianos como la ebullición del agua o la congelación del hielo para explicar los conceptos de temperatura y transiciones de fase. Al relacionar ideas abstractas con ejemplos familiares, el profesor facilita que los alumnos capten y retengan la información. Del mismo modo, en una argumentación persuasiva, aportar ejemplos y pruebas concretas puede ayudar a reforzar el argumento expuesto. Cuando se aboga por leyes de control de armas más estrictas, un polemista puede citar casos concretos de accidentes o delitos relacionados con armas para subrayar la necesidad de la reforma. Estos ejemplos no sólo hacen que el argumento sea más convincente, sino que también lo hacen más relacionable y concreto para el público. Los ejemplos pueden ser especialmente poderosos a la hora de transmitir emociones y evocar empatía. En un discurso sobre la pobreza, por ejemplo, un orador puede compartir una anécdota personal o contar la historia de alguien que ha experimentado la pobreza en carne propia. Utilizando ejemplos de la vida real, el orador puede conectar con el público a un nivel emocional e inspirarles a actuar. El uso de ejemplos en la comunicación es muy eficaz para mejorar la comprensión, apoyar argumentos y evocar respuestas emocionales.

TRANSMITIR PENSAMIENTOS, OPINIONES E IDEAS

Nunca se insistirá lo suficiente en la importancia de una comunicación eficaz para transmitir pensamientos, opiniones e ideas. En el mundo interconectado de hoy, donde la información fluye libremente a un ritmo vertiginoso, ser capaz de articularse de forma clara y persuasiva es crucial. Ya sea en las relaciones interpersonales, en entornos profesionales o incluso en el ámbito de la política, la comunicación eficaz constituye la base sobre la que se construyen conexiones significativas y se avanza. Cuando los pensamientos, las opiniones y las ideas se transmiten eficazmente, pueden florecer la comprensión y la empatía, fomentando un entorno de colaboración y armonía. Por el contrario, una comunicación deficiente puede dar lugar a malentendidos, conflictos y pérdida de oportunidades de crecimiento y desarrollo. El núcleo de la comunicación eficaz es la capacidad de expresarse con claridad y concisión. Cuando los pensamientos, opiniones e ideas se comunican de forma clara y concisa, el oyente o lector es capaz de captar el mensaje pretendido sin confusiones ni ambigüedades. Esto crea una base sólida para un diálogo significativo, ya que todos los implicados comparten una comprensión común del tema tratado. La comunicación clara y concisa también permite una toma de decisiones eficaz, ya que las personas pueden valorar y evaluar rápidamente la información presentada. Esto es especialmente importante en entornos profesionales, donde el tiempo suele ser esencial y las decisiones deben tomarse con rapidez y precisión. La comunicación eficaz es esencial para expresar las propias opiniones e ideas de forma persuasiva. La persuasión es una herramienta poderosa, y la capacidad de articular los propios pensamientos e ideas de forma convincente puede ser clave para influir en los demás y lograr un cambio significativo. Cuando los pensamientos y las ideas se comunican de forma persuasiva, tienen el potencial de moldear la opinión pública, estimular el pensamiento crítico e inspirar la acción. Esto es evidente en el ámbito de la política, donde los comunicadores hábiles pueden influir en el sentimiento público y conseguir apoyo para sus políticas e iniciativas. De hecho, la capacidad de comunicarse eficazmente suele ser una característica definitoria de los líderes y personas influyentes de éxito, ya que les permite reunir a otros en torno a sus visiones y objetivos. Además de expresar pensamientos, opiniones e ideas, la comunicación eficaz también desempeña un papel vital en la escucha activa. La escucha activa es el arte de comprometerse plenamente y comprender el mensaje que transmite el orador o escritor. Implica no sólo oír las palabras que se pronuncian o leen, sino también interpretar su significado, reconocer las señales no verbales y empatizar con la perspectiva del orador o escritor. Cuando las personas son capaces de escuchar activamente, no sólo mejoran su propia comprensión, sino que también demuestran respeto y empatía hacia los demás. Esto fomenta un sentimiento de confianza y apertura, creando un entorno en el que pueden compartirse y valorarse perspectivas diversas. La comunicación eficaz tiene el poder de salvar las barreras culturales y lingüísticas, permitiendo que personas de distintos orígenes conecten y se entiendan entre sí. En la sociedad globalizada actual, en la que personas de distintas culturas e idiomas interactúan a diario, la capacidad de comunicarse por encima de estas diferencias tiene un valor incalculable. Fomenta el respeto mutuo y el aprecio por las diversas perspectivas, y permite compartir conocimientos y experiencias. Mediante una comunicación eficaz, las personas pueden trascender sus propios prejuicios culturales y desarrollar una comprensión más amplia del mundo que les rodea. La comunicación eficaz no sólo es importante para transmitir pensamientos, opiniones e ideas en las interacciones externas, sino también para la reflexión interna y la autoexpresión. El proceso de articular los propios pensamientos e ideas puede ayudar a aclarar y organizar el propio pensamiento. Cuando los individuos son capaces de expresarse con claridad, adquieren una comprensión más profunda de sus propias creencias y valores, lo que conduce al crecimiento y desarrollo personales. Del mismo modo, el acto de escucharse a uno mismo, mediante prácticas como escribir un diario o la autorreflexión, puede fomentar la autoconciencia y el bienestar emocional. Nunca se insistirá lo suficiente en la importancia de una comunicación eficaz para transmitir pensamientos, opiniones e ideas. Forma la base de conexiones significativas, facilita la toma de decisiones eficaz, permite la persuasión y la influencia, fomenta la escucha activa y la empatía, salva barreras culturales y lingüísticas, y apoya el crecimiento personal y la autoexpresión. A medida que navegamos por un mundo cada vez más interconectado y acelerado, perfeccionar nuestras habilidades comunicativas resulta esencial para fomentar el entendimiento, la colaboración y el progreso. Ya sea en las relaciones personales, en los entornos profesionales o en los asuntos globales, la comunicación eficaz es el arte que abre puertas y allana el camino para interacciones significativas y cambios impactantes.

COMUNICACIÓN NO VERBAL

La comunicación no verbal, a menudo denominada lenguaje corporal, es un aspecto fundamental de la interacción humana. Mientras que las palabras habladas transmiten un significado explícito, las señales no verbales pueden ofrecer información sutil sobre los pensamientos, sentimientos e intenciones de una persona. Estas señales incluyen las expresiones faciales, la postura corporal, los gestos y el contacto visual. La importancia de la comunicación no verbal reside en su capacidad para reforzar o contradecir los mensajes verbales, añadiendo profundidad y matices a la interacción humana. Aunque alguien diga que está contento, su ceño fruncido y sus brazos cruzados sugieren lo contrario. Las señales no verbales también desempeñan un papel crucial en los contextos culturales y sociales, ya que distintas sociedades e individuos pueden interpretarlas de forma diferente. Es importante tener en cuenta que la comunicación no verbal no es universal y requiere un cierto nivel de sensibilidad cultural para comprenderla correctamente. La comunicación no verbal puede ser una poderosa herramienta de persuasión e influencia. Los políticos y los oradores públicos suelen utilizar el lenguaje corporal para mejorar su retórica y conectar con su público a un nivel más profundo. Mediante el uso deliberado de expresiones faciales, gestos e incluso la forma en que se sostienen, los oradores pueden evocar emociones y cautivar a sus oyentes. Del mismo modo, en el ámbito de la publicidad y el marketing, la utilización de una comunicación no verbal eficaz puede influir enormemente en la percepción que tienen los consumidores de una marca o producto. Eligiendo cuidadosamente modelos, poses y escenarios, los anunciantes pueden transmitir visualmente el mensaje que pretenden y llegar a su público objetivo. La comunicación no verbal no se limita a las interacciones cara a cara. En la era de la comunicación digital, los emoticonos y los emojis se han convertido en formas muy utilizadas de señales no verbales. Estos símbolos sirven para complementar o sustituir las expresiones faciales, ayudando a transmitir el tono y la emoción en la comunicación escrita. Las videoconferencias y las plataformas de transmisión en directo han salvado la distancia física, permitiendo que las señales no verbales se transmitan digitalmente. Aunque estos avances tecnológicos han ampliado nuestras vías de comunicación, también plantean retos. La interpretación errónea de las señales no verbales puede dar lugar a malentendidos y conflictos, ya que la comunicación digital carece de la riqueza y el contexto de los encuentros cara a cara. Esto pone de relieve la importancia de ser consciente de las señales verbales y no verbales, así como de desarrollar las habilidades para descifrarlas e interpretarlas con precisión. La comunicación no verbal también puede ser una herramienta de engaño y manipulación. Los actores y los agentes secretos, por ejemplo, deben conocer a fondo las señales no verbales para representar de forma convincente a un personaje o engañar a los demás. Los individuos manipuladores también pueden aprovechar las señales no verbales para influir en las opiniones o conseguir una ventaja. Es fundamental que los individuos sean conscientes de las posibles manipulaciones y evalúen críticamente las señales verbales y no verbales antes de tomar decisiones. La comunicación no verbal desempeña un papel importante a la hora de establecer y mantener vínculos sociales. La gente suele basarse en estas señales para establecer la confianza, la compenetración y la intimidad. Desde un simple apretón de manos hasta un cálido abrazo, las señales no verbales pueden fomentar una sensación de conexión y tranquilizar a los individuos sobre su proximidad a los demás. Por el contrario, la ausencia o la interpretación errónea de estas señales puede provocar sentimientos de aislamiento y desconfianza. Para las personas con espectro autista o con determinados trastornos sociales, los matices de la comunicación no verbal pueden ser difíciles de descifrar. Esto puede provocar problemas de comunicación y dificultar las interacciones sociales. Por este motivo, es importante que la sociedad acepte los distintos modos de comunicación y proporcione apoyo y comprensión a las personas con distintas capacidades. La comunicación no verbal es un componente integral de la interacción humana, que ofrece información sobre pensamientos, sentimientos e intenciones. Complementa y a veces contradice los mensajes verbales, añadiendo profundidad y matices a la comunicación. Desde las expresiones faciales y los gestos hasta el contacto visual y la postura corporal, estas señales desempeñan un papel vital en los contextos culturales y sociales. La interpretación de las señales no verbales puede ser subjetiva y requiere sensibilidad cultural. La comunicación no verbal es también una poderosa herramienta de persuasión e influencia, utilizada por políticos, oradores y publicistas. En la era digital, las señales no verbales se transmiten mediante emoticonos y videoconferencias. Sin embargo, también pueden malinterpretarse o manipularse, lo que subraya la importancia de una evaluación crítica. La comunicación no verbal es esencial para establecer y mantener conexiones sociales, pero también puede plantear dificultades a las personas con determinados trastornos. Si comprendemos y valoramos la comunicación no verbal, podemos mejorar nuestra comprensión de los demás y enriquecer nuestras interacciones. En resumen, la comunicación puede definirse como el proceso de intercambio de información, ideas y pensamientos entre individuos a través de diversos medios y canales. Es una habilidad esencial que nos permite conectar, expresarnos, compartir conocimientos y establecer relaciones. La comunicación adopta muchas formas: verbal, no verbal, escrita y visual. La comunicación verbal se refiere a hablar y escuchar, utilizando el lenguaje para transmitir mensajes. Puede ser cara a cara o a través de la tecnología, como llamadas telefónicas o videoconferencias. La comunicación no verbal implica utilizar el lenguaje corporal, los gestos, las expresiones faciales y el tono de voz para comunicar el significado. Desempeña un papel crucial a la hora de reforzar o contradecir los mensajes verbales. La comunicación escrita consiste en comunicarse mediante la palabra escrita, como correos electrónicos, memorandos, informes o cartas. Esta forma de comunicación permite mensajes más meditados y estructurados. La comunicación visual utiliza imágenes, gráficos, diagramas y otras ayudas visuales para transmitir información o ideas. Un diseñador gráfico puede utilizar imágenes, colores y tipografía para comunicar el mensaje de una marca. Estas diversas formas de comunicación trabajan juntas para facilitar la comprensión y transmitir mensajes con eficacia.

LA EXPRESIÓN DE EMOCIONES, LENGUAJE CORPORAL Y DIFERENCIAS CULTURALES

Nuestra capacidad para comunicarnos va más allá de los meros intercambios verbales; abarca diversos elementos no verbales que desempeñan un papel crucial a la hora de expresar emociones, transmitir mensajes y mostrar diferencias culturales. El lenguaje corporal es un poderoso medio para reflejar nuestras emociones y proporcionar un contexto adicional a nuestras palabras. Ya sea una leve sonrisa, una mirada intensa o un toque reconfortante, estas señales no verbales pueden amplificar, socavar o incluso contradecir las palabras que pronunciamos. Una persona puede decir que está contenta, pero su postura encorvada y la falta de contacto visual pueden indicar lo contrario. Del mismo modo, una persona puede expresar su enfado con los puños cerrados y el ceño fruncido, aunque sus palabras sean tranquilas y serenas. De este modo, el lenguaje corporal nos permite descifrar las emociones genuinas que subyacen a las expresiones verbales de una persona. El lenguaje corporal nos permite establecer conexiones más profundas y entablar una relación con los demás. Un cálido apretón de manos o un abrazo sincero pueden crear instantáneamente una sensación de confianza e intimidad, fomentando interacciones más significativas. En cambio, cruzar los brazos, estar inquieto o desviar la mirada pueden comunicar actitud defensiva o incomodidad, creando barreras para una comunicación eficaz. Por tanto, comprender y aprovechar el lenguaje corporal es vital en el arte de comunicarse. Aparte de las emociones, el lenguaje corporal también desempeña un papel importante en la transmisión de las diferencias culturales. Las variaciones culturales en los estilos de comunicación son frecuentes en todo el mundo, y el lenguaje corporal suele ser una herramienta esencial para expresar estas diferencias. Cada cultura tiene su propio conjunto de señales no verbales que conllevan significados profundamente arraigados. El contacto visual es muy valorado en las culturas occidentales como signo de respeto y atención, mientras que en muchas culturas asiáticas, el contacto visual prolongado se considera descortés o conflictivo. Del mismo modo, los gestos con las manos pueden tener significados diferentes en las distintas culturas. El signo de "pulgar hacia arriba" se utiliza habitualmente como afirmación positiva en las culturas occidentales, pero puede percibirse como ofensivo u obsceno en algunos países de Oriente Medio. Estas sutiles variaciones del lenguaje corporal pueden crear malentendidos o dificultar la comunicación eficaz en las interacciones interculturales. Ser consciente de estos matices culturales y adaptar nuestro lenguaje corporal en consecuencia resulta esencial cuando nos comunicamos con personas de distintos orígenes. El lenguaje corporal también influye en cómo nos percibe la gente y puede moldear sus juicios. La forma en que estamos de pie, caminamos y nos presentamos puede transmitir confianza, competencia y sinceridad, o puede proyectar inseguridad, indiferencia o falta de honradez. Los demás observan y evalúan constantemente nuestras posturas, gestos y expresiones faciales, a menudo a nivel subconsciente. Un apretón de manos firme y una postura erguida pueden causar una buena primera impresión, mientras que encorvarse o evitar el contacto visual puede interpretarse como una falta de interés o confianza. Estas señales no verbales resultan especialmente cruciales en las entrevistas de trabajo, las negociaciones comerciales y la oratoria, donde pueden influir mucho en el resultado y la percepción de nuestras palabras. Por tanto, dominar la habilidad de utilizar el lenguaje corporal para transmitir nuestras intenciones y proyectar la imagen deseada puede mejorar significativamente nuestra eficacia comunicativa global. Nuestra capacidad para comunicarnos va más allá de las palabras y abarca diversos elementos no verbales, que tienen una enorme importancia para expresar emociones, mostrar diferencias culturales y dar forma a las percepciones interpersonales. El lenguaje corporal sirve como poderoso medio para complementar nuestras expresiones verbales y proporcionar un contexto adicional a nuestros mensajes. Comprender e interpretar el lenguaje corporal nos permite descifrar las emociones auténticas, establecer conexiones más profundas y crear una buena relación con los demás. El lenguaje corporal desempeña un papel crucial en la transmisión de las diferencias culturales, ya que cada cultura tiene su propio conjunto de señales no verbales que conllevan significados profundamente arraigados. Ser conscientes de estos matices culturales nos permite adaptar nuestro lenguaje corporal en consecuencia y facilita una comunicación transcultural eficaz. El lenguaje corporal también influye en cómo nos perciben los demás y puede moldear sus juicios, por lo que es esencial proyectar la imagen deseada mediante señales no verbales seguras y adecuadas. El arte de comunicarse abarca el dominio de las palabras, las emociones y el lenguaje corporal, lo que nos permite expresarnos con eficacia en diversos entornos sociales y culturales.

COMUNICACIÓN ESCRITA

En la actual era digital, la comunicación escrita desempeña un papel crucial en diversos aspectos de la vida universitaria. Desde tomar apuntes en clase hasta intercambiar ideas con profesores y compañeros, la capacidad de expresarse de forma coherente y eficaz mediante la escritura tiene un valor incalculable. Un trabajo bien escrito puede determinar la diferencia entre el éxito y el fracaso en las tareas académicas, mientras que la redacción eficaz de correos electrónicos y mensajes es esencial para una comunicación clara y precisa en una sociedad impulsada por la tecnología. Por ello, los estudiantes universitarios deben cultivar sólidas habilidades de comunicación escrita para sobresalir en sus estudios y en sus esfuerzos profesionales. Una de las mayores ventajas de la comunicación escrita es su permanencia. A diferencia de la comunicación verbal, que es fugaz y se olvida fácilmente, los textos escritos dejan una huella duradera. Esta permanencia permite la revisión y la reflexión repetidas. En un entorno universitario, esta cualidad tiene un valor incalculable. Los alumnos pueden repasar los apuntes de clase, los libros de texto y las tareas escritas a su propio ritmo, asegurándose de que comprenden y retienen la información. La escritura permite a los alumnos participar en el pensamiento crítico, ya que deben procesar y organizar cuidadosamente sus pensamientos antes de ponerlos por escrito. Este proceso fomenta una comprensión más profunda y facilita la integración de nuevos conocimientos en los marcos existentes. A medida que los alumnos dominan el arte de la comunicación escrita, mejoran su capacidad de analizar, evaluar y sintetizar información, habilidades esenciales para el éxito en la universidad y más allá. La comunicación escrita sirve de puente entre los alumnos, los profesores y la comunidad académica en general. En la universidad, los profesores suelen pedir a los alumnos que redacten trabajos de investigación, ensayos e informes para evaluar su comprensión del material. Estos trabajos escritos no sólo permiten a los estudiantes demostrar sus conocimientos, sino que también les brindan la oportunidad de entablar un diálogo crítico con sus profesores. Mediante observaciones y comentarios escritos, los profesores ofrecen orientación y sugerencias para mejorar, fomentando un proceso de aprendizaje continuo. Este intercambio de ideas promueve el crecimiento intelectual y reta a los estudiantes a perfeccionar sus habilidades de escritura. La comunicación escrita facilita la colaboración entre los estudiantes. Ya sea mediante proyectos de grupo o foros en línea, los estudiantes pueden compartir sus ideas y perspectivas, basándose en el trabajo de los demás. Esta comunicación colaborativa no sólo mejora la experiencia de aprendizaje, sino que también fomenta el desarrollo de la creatividad y la innovación. En el ámbito profesional, son esenciales unas sólidas habilidades de comunicación escrita. En un mundo cada vez más globalizado, en el que las empresas operan a través de las fronteras, la capacidad de transmitir información eficazmente por escrito es fundamental. Ya se trate de redactar informes, propuestas o correos electrónicos, los profesionales deben presentar sus ideas de forma concisa y coherente para tener éxito. Un documento bien escrito demuestra profesionalidad y experiencia, e influye en la percepción que tienen de uno sus colegas y superiores. Una comunicación escrita eficaz fomenta la claridad y evita malentendidos. En entornos profesionales, donde el tiempo suele ser limitado, los correos electrónicos mal redactados o las instrucciones poco claras pueden dar lugar a confusiones y errores. Por el contrario, un correo electrónico bien redactado que comunique concisamente las expectativas y la información puede ahorrar tiempo y agilizar el flujo de trabajo. Al perfeccionar sus habilidades de comunicación escrita en la universidad, los estudiantes se están preparando para el éxito en el mundo profesional. Dominar la comunicación escrita requiere algo más que gramática y vocabulario. Requiere comprender la audiencia y el propósito. Los estudiantes universitarios deben aprender a adaptar su estilo de escritura a diferentes contextos. Desde los trabajos de investigación hasta las declaraciones personales, el tono, la estructura y el lenguaje del texto escrito varían. Para comunicar eficazmente sus ideas, los estudiantes deben tener en cuenta quién leerá el documento y adaptarlo en consecuencia. Comprender la finalidad del escrito ayuda a dar forma a su contenido. ¿El objetivo es informar, persuadir o entretener? Cada objetivo requiere un enfoque distinto y exige la capacidad de seleccionar y organizar la información pertinente. La comunicación escrita es una habilidad vital para los estudiantes universitarios. Desde facilitar el proceso de aprendizaje hasta fomentar la colaboración y el éxito en el mundo profesional, la capacidad de transmitir ideas con eficacia a través de la escritura es esencial. La escritura no sólo permite la reflexión y el pensamiento crítico, sino que también sirve de puente para el diálogo entre estudiantes y profesores. Prepara a los estudiantes para las exigencias del mundo profesional, donde la comunicación clara y concisa es primordial. Al desarrollar sólidas habilidades de comunicación escrita, los estudiantes universitarios se están dotando de una herramienta que les beneficiará a lo largo de su carrera académica y profesional. Para comprender el arte de comunicar, es esencial explorar el concepto de definición y ejemplos. Cuando hablamos de definición en comunicación, nos referimos al acto de transmitir con claridad y precisión el significado de una palabra, frase o idea concreta. Una comunicación eficaz requiere una comprensión mutua de las definiciones que utilizan tanto el hablante como el oyente. Es importante tener en cuenta que las definiciones pueden ser subjetivas y variar según el contexto y las perspectivas individuales. La palabra "libertad" puede tener distintos significados para distintas personas. Para algunos, puede significar la ausencia de restricciones y la capacidad de hacer lo que a uno le plazca. Para otros, puede significar vivir en una sociedad justa en la que todos tengan los mismos derechos y oportunidades. Estas diferentes definiciones a veces pueden dar lugar a malentendidos y malas interpretaciones durante la comunicación. Los ejemplos desempeñan un papel crucial en la comunicación, ya que proporcionan ilustraciones concretas de los conceptos que se discuten. Los ejemplos ayudan a clarificar las ideas abstractas y las hacen relacionables con el público. Al explicar el concepto de gravedad, un profesor puede utilizar el ejemplo de una manzana que cae para ayudar a los alumnos a visualizar la fuerza que atrae los objetos hacia la Tierra. Los ejemplos también ayudan a retener la información, ya que crean asociaciones mentales que mejoran el proceso de aprendizaje. Al dar ejemplos, un orador puede captar la atención del público y hacer que su mensaje sea más memorable. Los ejemplos no se limitan a la comunicación verbal. También pueden utilizarse ayudas visuales, como cuadros, gráficos y fotografías, para ilustrar conceptos y exponer ideas complejas. En la era digital actual, el uso de multimedia y tecnología ha ampliado aún más las posibilidades de proporcionar ejemplos en la comunicación. Los vídeos, las animaciones y las experiencias de realidad virtual pueden mejorar la comprensión creando entornos inmersivos que simulan escenarios de la vida real. Es importante seleccionar los ejemplos con cuidado y tener en cuenta los diversos orígenes y experiencias de la audiencia. Eligiendo ejemplos relevantes e inclusivos, los comunicadores pueden asegurarse de que su mensaje resuena en un amplio abanico de individuos. Las definiciones y los ejemplos son elementos vitales de una comunicación eficaz. La capacidad de transmitir definiciones con precisión y proporcionar ejemplos relevantes y relacionables puede fomentar una mayor comprensión y compromiso con la audiencia. Las definiciones, aunque subjetivas, sirven como bloques de construcción de la comunicación, asegurando que tanto el orador como el oyente tengan una comprensión compartida de los conceptos que se discuten. Los ejemplos, por su parte, sirven para ilustrar y aclarar ideas abstractas, haciéndolas más accesibles y memorables. Empleando una combinación de definiciones y ejemplos, los comunicadores pueden mejorar su capacidad de transmitir información, fomentar la comprensión y crear conexiones significativas con su audiencia.

ENTORNOS FORMALES E INFORMALES: EL MUNDO ACADÉMICO Y LAS PLATAFORMAS DIGITALES

Cuando se habla del arte de comunicar, no se puede subestimar su importancia en entornos formales e informales, como el mundo académico y las plataformas digitales. En el mundo académico, la comunicación eficaz es esencial para la difusión del conocimiento. Ya sea a través de trabajos de investigación, ponencias o conferencias, los académicos dependen de una comunicación clara, concisa y persuasiva para transmitir sus ideas y descubrimientos. Sin una comunicación eficaz, el avance del conocimiento y el crecimiento de las disciplinas académicas se detendrían. Así pues, la importancia de la comunicación en los entornos académicos formales es crucial para el progreso de la comunidad académica. En entornos informales, como las plataformas digitales, la comunicación desempeña un papel central en la configuración del discurso social y la difusión de la información. Con el auge de las redes sociales y las plataformas online, personas de orígenes y experiencias diversas pueden entablar conversaciones, compartir ideas y expresar sus opiniones a escala global. La accesibilidad y el alcance de las plataformas digitales han democratizado la comunicación, permitiendo a la gente conectarse, colaborar y movilizarse en torno a intereses y causas compartidos. Junto con las oportunidades que ofrecen las plataformas digitales, también existen retos a la hora de garantizar que la comunicación siga siendo productiva, respetuosa e inclusiva. En el ámbito académico, la comunicación eficaz fomenta el crecimiento intelectual y la colaboración entre los académicos. En la búsqueda del conocimiento, los académicos se dedican a la investigación rigurosa, el análisis crítico y la crítica reflexiva. Los trabajos de investigación y las publicaciones de los académicos sirven de base para los debates académicos y el desarrollo de nuevas teorías. Por muy innovadora que sea la investigación, sólo es valiosa si se puede comunicar eficazmente a otros miembros de la comunidad académica y fuera de ella. Un trabajo de investigación brillante que esté mal escrito o carezca de claridad en su argumentación puede no obtener reconocimiento ni repercusión, obstaculizando el avance del conocimiento en ese campo. En el mundo académico, la capacidad de comunicar ideas con eficacia es una habilidad indispensable para que los académicos difundan sus investigaciones, intercambien conocimientos y contribuyan a la comunidad intelectual. Del mismo modo, en los entornos académicos formales, como las charlas o las conferencias, la comunicación eficaz es fundamental para garantizar que la información se transmite con claridad y es comprendida por el público. Las conferencias ofrecen una plataforma para que los académicos compartan su experiencia y conocimientos con estudiantes y colegas. Una presentación bien realizada puede atraer a la audiencia, estimular el pensamiento crítico y facilitar debates significativos. Por el contrario, una conferencia mal ejecutada puede dejar al público confuso, desinteresado y, en última instancia, obstaculizar su experiencia de aprendizaje. Empleando técnicas de comunicación eficaces, como narraciones atractivas, ayudas visuales y debates interactivos, los académicos pueden mejorar la experiencia de aprendizaje de su audiencia, fomentando un entorno académico rico y propicio para el crecimiento y el aprendizaje. En los últimos años, se ha producido una transformación en el modo en que funciona la comunicación, y las plataformas digitales son cada vez más frecuentes tanto en entornos formales como informales. Las plataformas de medios sociales como Twitter, Facebook e Instagram han conectado a personas de todos los ámbitos de la vida, permitiéndoles compartir sus pensamientos, opiniones y experiencias de forma instantánea. Este cambio ha tenido profundas implicaciones para el discurso social y la difusión de la información. Aunque las plataformas digitales ofrecen un poderoso medio de comunicación, también plantean retos a la hora de garantizar la calidad, la fiabilidad y la inclusión. La facilidad para compartir información en las plataformas digitales ha dado lugar a una proliferación de contenidos, lo que dificulta discernir la información precisa y fiable de la desinformación y las noticias falsas. La naturaleza vertiginosa de estas plataformas también plantea retos a la hora de promover debates reflexivos y matizados, ya que la brevedad y las reacciones instantáneas suelen dominar el discurso. El alcance y la accesibilidad de las plataformas digitales han amplificado la importancia de una comunicación eficaz. Las ideas, las opiniones y la información pueden viajar ahora a través de las fronteras, trascendiendo los límites físicos y llegando a una audiencia global. Esto ha capacitado a las personas para participar en conversaciones y movimientos que trascienden las limitaciones geográficas. Las plataformas digitales se han convertido en poderosas herramientas para el activismo social y político, permitiendo que se oigan las voces marginadas, movilizando la acción colectiva y desafiando las estructuras de poder establecidas. Es esencial reconocer las limitaciones de estas plataformas a la hora de crear un cambio significativo y duradero. Aunque pueden iniciar conversaciones y concienciar, es mediante estrategias de comunicación eficaces, como la organización de actos fuera de línea, la síntesis de ideas en iniciativas procesables y la colaboración con las partes interesadas, como se puede conseguir un impacto real. La comunicación eficaz en entornos formales e informales, como el mundo académico y las plataformas digitales, es de suma importancia. En el mundo académico, la comunicación eficaz es esencial para el avance del conocimiento, ya que permite a los académicos difundir sus investigaciones, participar en debates académicos y contribuir a la comunidad académica. En las plataformas digitales, la comunicación da forma al discurso social, conecta a las personas a escala mundial y ofrece oportunidades de colaboración y acción colectiva. Los retos de la comunicación digital, como la desinformación y la brevedad, exigen seguir cultivando estrategias de comunicación eficaces que promuevan la inclusión y el diálogo reflexivo. El arte de comunicarse sigue siendo una habilidad en constante evolución, polifacética y esencial para que los individuos naveguen y den forma al mundo que les rodea. La comunicación eficaz también es crucial para establecer y mantener relaciones. Cuando las personas son incapaces de expresar eficazmente sus pensamientos y sentimientos, es probable que surjan malentendidos, que provoquen conflictos y conexiones tensas. Por otra parte, cuando los individuos poseen la capacidad de comunicarse de forma clara, abierta y empática, pueden construir relaciones sólidas y significativas con los demás. En las relaciones románticas, la comunicación eficaz es vital para establecer la confianza, resolver conflictos y profundizar en la intimidad emocional. Las parejas capaces de comunicar eficazmente sus deseos, necesidades y preocupaciones tienen más probabilidades de mantener relaciones satisfactorias y satisfactorias. Del mismo modo, en las amistades, la comunicación eficaz favorece la comprensión y fomenta un sentimiento de conexión y apoyo mutuo. Los amigos que son capaces de comunicarse honesta y abiertamente entre sí tienen más probabilidades de mantener amistades duraderas y significativas. La comunicación eficaz es necesaria en los entornos profesionales, ya que permite a las personas colaborar y trabajar juntas para alcanzar objetivos comunes. En el lugar de trabajo, la comunicación eficaz es clave para delegar tareas, compartir opiniones y resolver conflictos. Los equipos que pueden comunicarse eficazmente tienen más probabilidades de alcanzar sus objetivos de forma eficiente y armoniosa. La comunicación eficaz es esencial para el liderazgo. Los líderes que poseen una gran capacidad de comunicación pueden transmitir eficazmente su visión, motivar e inspirar a los miembros de su equipo y asegurarse de que todos están de acuerdo. Comunicándose eficazmente, los líderes pueden establecer la confianza y crear un entorno que fomente la colaboración y la innovación. La comunicación eficaz no sólo es crucial en las relaciones personales y profesionales, sino que también desempeña un papel fundamental en contextos sociales y societales. En nuestro mundo cada vez más interconectado, la comunicación eficaz es necesaria para fomentar la comprensión y la empatía entre personas y comunidades diversas. La comunicación permite a las personas compartir sus experiencias, creencias y perspectivas, rompiendo estereotipos y fomentando la inclusión. Mediante una comunicación eficaz, las personas pueden buscar puntos en común, respetar las diferencias y trabajar para encontrar soluciones a los retos comunes. La comunicación eficaz también es vital para la defensa y el cambio social. A través de la comunicación, las personas pueden concienciar sobre cuestiones importantes, cuestionar la información errónea y movilizar a otros para que actúen. El arte de la comunicación es una habilidad fundamental para nuestra vida personal, profesional y social. La comunicación eficaz nos permite expresarnos con claridad, comprender a los demás y establecer relaciones sólidas y significativas. Requiere escucha activa, empatía y voluntad de superar las diferencias. Dominando el arte de la comunicación, podemos navegar por las complejidades de la vida con gracia y eficacia.

III. DOMINAR LAS HABILIDADES DE COMUNICACIÓN

La comunicación eficaz es una habilidad vital que desempeña un papel importante tanto en las relaciones personales como en las profesionales. Implica no sólo la capacidad de transmitir información, sino también la de escuchar activamente y comprender las perspectivas de los demás. Dominar las habilidades de comunicación es crucial, ya que permite a las personas expresar sus pensamientos e ideas con claridad, resolver conflictos de forma amistosa y establecer relaciones armoniosas. Un aspecto fundamental del dominio de las habilidades de comunicación es el arte de escuchar activamente. En la acelerada sociedad actual, muchas personas se han acostumbrado a realizar varias tareas a la vez y a estar en constante estado de distracción. Como resultado, a menudo no se implican plenamente en las conversaciones ni prestan toda su atención al interlocutor. La escucha activa implica algo más que oír. Requiere concentración, atención y la capacidad de empatizar con el interlocutor. Al practicar la escucha activa, las personas deben prestar atención a las señales verbales y no verbales, como el lenguaje corporal y el tono de voz, para comprender plenamente el mensaje que se transmite. Prestando toda su atención y demostrando un interés genuino, los individuos pueden fomentar una comunicación eficaz y establecer conexiones más profundas con los demás. Otro aspecto crucial del dominio de las habilidades de comunicación es la capacidad de expresarse con claridad y concisión. Articular pensamientos e ideas de forma coherente y estructurada facilita la comprensión y ayuda a evitar malentendidos. Los comunicadores eficaces utilizan un lenguaje apropiado y adaptan su tono y estilo al contexto y a las necesidades de la audiencia. Son muy conscientes del poder de las palabras y comprenden que su elección del lenguaje puede influir en la forma en que se recibe su mensaje. También tienen en cuenta las señales no verbales, como las expresiones faciales y los gestos, para complementar su comunicación verbal. Al garantizar la claridad y la brevedad de su comunicación, las personas pueden transmitir su mensaje con precisión y evitar cualquier posible confusión o mala interpretación. La comunicación eficaz implica la capacidad de adaptarse a diversos estilos y preferencias de comunicación. Las personas tienen diversas formas de expresarse, y sus estilos de comunicación pueden diferir en función de sus antecedentes culturales, rasgos de personalidad y experiencias personales. Los comunicadores eficaces reconocen estas diferencias y se esfuerzan por comprender y adaptarse a los estilos de comunicación de los demás. Escuchan activamente a los demás, hacen preguntas aclaratorias y expresan empatía, lo que demuestra su voluntad de colaborar y establecer conexiones significativas. Siendo abiertos de mente y flexibles en su enfoque de la comunicación, los individuos pueden salvar distancias, fomentar la inclusividad y construir relaciones sólidas. Dominar las habilidades de comunicación también implica ser consciente de las señales de comunicación no verbal. Se estima que la comunicación no verbal constituye la mayor parte de la comunicación, y algunos estudios sugieren que hasta el 93% de los mensajes transmitidos son de naturaleza no verbal. Las señales no verbales incluyen las expresiones faciales, el lenguaje corporal, los gestos e incluso el uso del espacio personal. Reconocer e interpretar estas señales es crucial para comprender con precisión el mensaje subyacente que se transmite. Que una persona se cruce de brazos y evite el contacto visual puede indicar actitud defensiva o desacuerdo, mientras que una postura abierta y un contacto visual directo pueden significar compromiso y acuerdo. Al estar en sintonía con estas señales no verbales, las personas pueden comprender mejor a los demás, mejorar su capacidad para transmitir mensajes no verbales y, en última instancia, establecer conexiones más fuertes. Dominar las habilidades de comunicación implica practicar la resolución eficaz de conflictos. El conflicto es una parte inevitable de la interacción humana, y la forma en que se gestiona puede influir significativamente en las relaciones. Los comunicadores eficaces enfocan el conflicto como una oportunidad de crecimiento y comprensión, más que estrictamente como un medio de ganar o afirmar el dominio. Escuchan activamente las preocupaciones y perspectivas de los demás, validan sus sentimientos y buscan soluciones mutuamente beneficiosas. Centrándose en encontrar puntos en común y manteniendo un diálogo respetuoso y abierto, los conflictos pueden resolverse de forma constructiva, preservando las relaciones y fomentando la confianza y la cooperación. Dominar las habilidades de comunicación es esencial para unas relaciones personales y profesionales eficaces. La escucha activa, la expresión clara, la adaptabilidad, la conciencia de las señales no verbales y la resolución eficaz de conflictos son componentes básicos del dominio de las habilidades de comunicación. Al perfeccionar estas habilidades, las personas pueden fomentar la comprensión, construir conexiones más fuertes y crear un entorno armonioso e inclusivo que fomente la colaboración y el crecimiento. El arte de la comunicación requiere práctica y perfeccionamiento continuos, pero los beneficios que aporta a las personas y a la sociedad en su conjunto son inestimables.

ESCUCHA ACTIVA

La escucha activa es una habilidad crucial que a menudo se pasa por alto en nuestra sociedad digitalizada y acelerada. Requiere algo más que oír las palabras que alguien dice; implica comprometerte plenamente con esa persona y prestarle toda tu atención. La escucha activa requiere un esfuerzo concentrado y un interés genuino por lo que dice la otra persona. Como oyente, debes esforzarte por comprender la perspectiva del interlocutor y responder de forma que muestres empatía y respeto. Esta habilidad es especialmente importante en entornos profesionales, donde la comunicación eficaz es esencial para el éxito. El primer paso para escuchar activamente es eliminar las distracciones y crear un entorno propicio para una comunicación abierta y sincera. Esto significa apartar el teléfono, cerrar el portátil y mantener el contacto visual con el interlocutor. También significa ser consciente de tu propio lenguaje corporal y tus expresiones faciales, ya que pueden animar o disuadir al interlocutor de abrirse. Si creas un espacio seguro y cómodo para la comunicación, estarás preparando el terreno para una conversación productiva. Una vez establecido un entorno propicio, el siguiente paso en la escucha activa es prestar atención a las palabras, el tono y el lenguaje corporal del interlocutor. Esto requiere algo más que oír lo que dicen; significa procesar activamente la información y considerar su significado. Si te centras en las señales no verbales del orador, como las expresiones faciales y los gestos con las manos, puedes comprender mejor sus emociones e intenciones. Esta información puede ser muy valiosa para interpretar su mensaje con precisión. Otro aspecto clave de la escucha activa es demostrar empatía y respeto por el interlocutor. Esto implica ponerte en su lugar y tratar de comprender su punto de vista, aunque no estés de acuerdo con él. Al mostrar empatía, estás validando los sentimientos y experiencias del interlocutor, lo que puede fomentar un sentimiento de confianza y una comunicación abierta. El respeto es igualmente importante, pues demuestra que valoras las ideas y opiniones del interlocutor. Si escuchas activamente y muestras empatía y respeto, estarás sentando las bases de una comunicación eficaz y un entendimiento mutuo. Además de centrarte en el interlocutor, la escucha activa también implica responder de forma que fomente el diálogo. Esto significa hacer preguntas abiertas que animen al interlocutor a elaborar sus pensamientos y sentimientos. También significa parafrasear o resumir lo que ha dicho para asegurarte de que has entendido correctamente su mensaje. Al participar activamente en la conversación, demuestras al interlocutor que estás comprometido e interesado en lo que tiene que decir. Esto puede ayudar al interlocutor a sentirse escuchado y valorado, lo que conduce a un intercambio de ideas más significativo y productivo. La escucha activa es una habilidad que puede desarrollarse y mejorarse con la práctica. Algunas estrategias útiles son la escucha reflexiva, que consiste en repetir o resumir las palabras del orador para garantizar una comprensión precisa. Otra estrategia consiste en hacer preguntas aclaratorias, que pueden ayudarte a comprender mejor el mensaje del orador. Practicar el Mindfulness puede ayudarte a mantenerte plenamente presente en la conversación y evitar distracciones. Si incorporas estas estrategias a tu repertorio de comunicación, podrás convertirte en un oyente más eficaz y empático. La escucha activa es una habilidad crítica esencial para una comunicación eficaz. Implica eliminar las distracciones, prestar atención a las palabras del interlocutor y a sus señales no verbales, y responder de forma que muestre empatía y respeto. La escucha activa fomenta la comprensión, genera confianza y promueve una comunicación abierta y honesta. Estando plenamente presentes en las conversaciones y comprometiéndonos activamente con los demás, podemos mejorar nuestras relaciones tanto personales como profesionales. En nuestra sociedad acelerada y digitalizada, la escucha activa es una habilidad cada vez más valiosa y necesaria. Practicando y perfeccionando esta habilidad, podemos convertirnos en comunicadores más eficaces y fomentar conexiones más fuertes con quienes nos rodean.

LA IMPORTANCIA DE UNA COMUNICACIÓN EFICAZ

La comunicación eficaz es un aspecto vital de la interacción humana y tiene una inmensa importancia en diversos aspectos de la vida. La comunicación puede definirse como el proceso de transmisión e intercambio de información, ideas y pensamientos entre individuos o grupos. Abarca métodos verbales y no verbales como escuchar, hablar, escribir y el lenguaje corporal. La comunicación eficaz desempeña un papel crucial en la vida personal, académica y profesional de los individuos. En primer lugar, en las relaciones personales, la comunicación eficaz fomenta la comprensión, la confianza y la intimidad entre las personas. Ayuda a expresar emociones, a resolver conflictos y a crear vínculos sólidos. Sin una comunicación eficaz, pueden surgir malentendidos que den lugar a relaciones tensas y malentendidos. En segundo lugar, en el mundo académico, la comunicación eficaz es esencial para el aprendizaje, la enseñanza y la colaboración. Los alumnos que pueden comunicar eficazmente sus pensamientos, ideas y consultas pueden participar activamente en los debates de clase, comprender conceptos complejos y aclarar dudas. Del mismo modo, los profesores necesitan comunicarse eficazmente para impartir las clases, proporcionar comentarios y guiar el aprendizaje de los alumnos. La comunicación eficaz desempeña un papel crucial en los proyectos y colaboraciones en equipo, ya que permite a los alumnos coordinarse y compartir ideas con eficacia. En el ámbito profesional, la comunicación eficaz es una habilidad integral que los empresarios valoran y buscan en los empleados. Es crucial para las entrevistas de trabajo, la creación de redes y el establecimiento de relaciones productivas con colegas y clientes. Una buena capacidad de comunicación puede tener un impacto significativo en el crecimiento y el éxito profesional de una persona. Ayuda a transmitir ideas con claridad, a persuadir a los demás y a resolver conflictos en el lugar de trabajo. La comunicación eficaz es vital para que los líderes y directivos motiven e inspiren a sus subordinados, deleguen tareas y fomenten un entorno de trabajo positivo. En resumen, la comunicación eficaz es la clave del éxito en las relaciones interpersonales, los logros académicos y el crecimiento profesional. Es una habilidad que puede desarrollarse y perfeccionarse mediante la práctica, la escucha activa, la empatía y la autoconciencia. Es crucial que las personas reconozcan la importancia de la comunicación eficaz y se esfuercen continuamente por mejorar sus habilidades comunicativas, ya que, en última instancia, puede contribuir a una vida satisfactoria y gratificante.

TÉCNICAS PARA MEJORAR LA CAPACIDAD DE ESCUCHA ACTIVA

Las técnicas para mejorar la capacidad de escucha activa son cruciales para una comunicación eficaz. Una de ellas es mantener el contacto visual. El contacto visual desempeña un papel importante a la hora de comprometerse con el orador y demostrar atención. Cuando los individuos mantienen el contacto visual, muestran respeto y establecen una conexión con el orador. Permite observar las señales no verbales del orador, como las expresiones faciales y el lenguaje corporal. Estas señales pueden proporcionar información esencial sobre las emociones, las intenciones y el mensaje general del orador. Parafrasear es otra técnica que puede mejorar la escucha activa. Parafraseando se repiten las palabras del orador con las propias palabras para demostrar comprensión y confirmar que se ha entendido. Esta técnica requiere que las personas procesen activamente la información que oyen y luego se la comuniquen al orador. La paráfrasis no sólo garantiza una interpretación exacta, sino que también tranquiliza al interlocutor, asegurándole que se le escucha y comprende. Hacer preguntas aclaratorias es crucial en la escucha activa. Esta técnica permite a los individuos pedir aclaraciones sobre cualquier punto ambiguo o poco claro expuesto por el orador. Al hacer preguntas, los individuos demuestran su genuino interés por comprender la perspectiva del orador y permiten profundizar en temas concretos. Las preguntas aclaratorias pueden ayudar a resolver cualquier malentendido o suposición que pudiera obstaculizar una comunicación eficaz.

Otra técnica consiste en dar retroalimentación. El feedback consiste en proporcionar al orador reflexiones, pensamientos o sugerencias basadas en su mensaje. Permite que las personas participen activamente en la conversación y demuestren su comprensión, al tiempo que fomenta la continuación del diálogo. Dar retroalimentación no sólo anima al orador a compartir más, sino que también fomenta la comprensión mutua, la cooperación y la colaboración. La escucha activa puede mejorarse mediante la técnica de emplear señales no verbales. Las señales no verbales, como asentir con la cabeza, sonreír o utilizar gestos afirmativos, muestran al orador que cuenta con la atención y el compromiso del oyente. Estas señales contribuyen a crear un entorno de comunicación positivo y abierto, aumentando la probabilidad de un intercambio de información y una comprensión eficaces. Minimizar las distracciones es una técnica fundamental para mejorar la capacidad de escucha activa. Las distracciones, como los teléfonos, los ruidos externos o los pensamientos personales, pueden disminuir significativamente la capacidad de los individuos para escuchar activamente. Para maximizar la escucha activa, las personas deben minimizar o eliminar las distracciones apagando los dispositivos electrónicos y buscando un entorno tranquilo y cómodo. Esto permite a los individuos comprometerse plenamente con el orador y prestar toda su atención a la conversación en cuestión. Reflexionar sobre los propios prejuicios y nociones preconcebidas es esencial para una escucha activa eficaz. Los prejuicios y las ideas preconcebidas pueden obstaculizar la capacidad de las personas para comprender plenamente el mensaje del orador. Al reconocer y reflexionar sobre estos prejuicios, las personas pueden dejarlos de lado conscientemente y abordar la conversación con la mente abierta. Esto les permite comprender mejor la perspectiva del orador y fomentar una conversación más inclusiva y respetuosa. Las técnicas para mejorar la capacidad de escucha activa son cruciales para una comunicación eficaz. Mantener el contacto visual, parafrasear, hacer preguntas aclaratorias, dar retroalimentación, emplear señales no verbales, minimizar las distracciones y reflexionar sobre los prejuicios son técnicas valiosas que pueden mejorar la escucha activa. Aplicando estas técnicas, las personas pueden crear una atmósfera de comprensión mutua, facilitar una mejor comunicación y establecer vínculos más sólidos. Dominar la escucha activa es un arte que requiere práctica y dedicación, pero sus beneficios son inconmensurables tanto en el ámbito personal como en el profesional.

ASERTIVIDAD

La asertividad es la capacidad de expresar los propios pensamientos, sentimientos y necesidades de forma directa y honesta, sin dejar de respetar los derechos y límites de los demás. Es el equilibrio ideal entre ser pasivo y agresivo. Ser asertivo permite a las personas comunicar sus deseos y opiniones de forma clara y segura, lo que puede conducir a un mejor entendimiento y a la resolución de conflictos. Una característica clave de la asertividad es la capacidad de exponer claramente las propias necesidades y deseos. Esto implica ser directo y específico al expresar lo que uno quiere o espera de los demás. En lugar de decir: "Te agradecería que me ayudaras con esta tarea", una persona asertiva diría: "Necesito tu ayuda con esta tarea, ya que es importante para el éxito de nuestro proyecto". Al expresar claramente su petición, las personas asertivas facilitan que los demás comprendan y respondan a sus necesidades. Otro aspecto importante de la asertividad es la capacidad de expresar los propios pensamientos y opiniones abierta y honestamente. Esto implica compartir las propias ideas y perspectivas sin miedo a ser juzgado o rechazado. Las personas asertivas son capaces de expresar con confianza sus pensamientos, incluso en situaciones en las que sus puntos de vista pueden diferir de los de los demás. Esto fomenta un diálogo abierto y respetuoso, que permite el intercambio de ideas y perspectivas diferentes. La asertividad exige que las personas respeten los derechos y los límites de los demás. Es importante reconocer que la asertividad no significa ser agresivo o irrespetuoso con los demás. La comunicación asertiva implica escuchar activamente a los demás, considerar sus puntos de vista y responder de forma constructiva y empática. Se trata de encontrar un equilibrio entre expresarse y tener en cuenta las necesidades y sentimientos de los demás. Ser asertivo puede tener numerosos beneficios en diversos aspectos de la vida. En las relaciones personales, la asertividad permite a los individuos expresar sus necesidades y expectativas, fomentando conexiones más sanas y satisfactorias. Reduce las posibilidades de malentendidos, resentimientos y conflictos derivados de deseos no expresados o expectativas no satisfechas. La asertividad también es crucial en entornos profesionales. Al exponer claramente sus opiniones e ideas, las personas asertivas pueden contribuir al proceso de toma de decisiones, lo que conduce a resultados más eficaces e innovadores. Es más probable que se ganen el respeto y la confianza de sus colegas, ya que se les considera comunicadores seguros y capaces. Las personas asertivas están mejor preparadas para manejar conversaciones difíciles o abordar conflictos, ya que son capaces de expresar sus preocupaciones de forma respetuosa y constructiva. Volverse más asertivo puede no resultar natural para todo el mundo. A algunas personas les cuesta expresar sus necesidades u opiniones por miedo al rechazo o al conflicto. Superar esta barrera puede requerir práctica y autorreflexión. Los programas de entrenamiento en asertividad o la terapia pueden proporcionar estrategias y técnicas útiles para desarrollar habilidades de comunicación asertiva. Una estrategia importante para cultivar la asertividad es practicar la escucha activa. Esto implica escuchar atentamente a los demás sin interrumpir, proporcionar validación y empatía, y estar genuinamente interesado en comprender sus puntos de vista. Al participar activamente en la conversación, es más probable que las personas se sientan escuchadas y respetadas, lo que puede reforzar su propia asertividad. Otra estrategia consiste en reforzar la confianza en uno mismo. La asertividad está estrechamente relacionada con la confianza en uno mismo, ya que requiere que las personas crean en el valor de sus pensamientos y opiniones. Participar en actividades que refuercen la autoestima, como establecer y alcanzar objetivos personales, puede contribuir a desarrollar la asertividad. También es importante cuestionar la autoconversación negativa y sustituirla por afirmaciones positivas, que pueden crear una mentalidad más segura y asertiva. La asertividad desempeña un papel fundamental en la comunicación eficaz. Implica expresar claramente las propias necesidades y deseos, compartir pensamientos y opiniones abierta y honestamente, y respetar los derechos y límites de los demás. Ser asertivo puede mejorar las relaciones personales, fomentar un entorno de trabajo más productivo y contribuir a una mejor resolución de conflictos. Aunque volverse más asertivo puede requerir esfuerzo y práctica, es una habilidad valiosa que puede mejorar mucho la comunicación y el bienestar general. Al desarrollar la asertividad, las personas pueden convertirse en comunicadores más eficaces y seguros de sí mismos, lo que conduce a interacciones más satisfactorias y exitosas en diversos aspectos de la vida.

EXPRESAR PENSAMIENTOS Y NECESIDADES CON CONFIANZA

La comunicación eficaz no consiste sólo en transmitir información, sino también en expresar pensamientos y necesidades con confianza. La confianza desempeña un papel crucial en la comunicación, ya que capacita a las personas para expresar sus ideas, opiniones y deseos con asertividad y claridad. Cuando las personas confían en sus habilidades de comunicación verbal y no verbal, son más capaces de transmitir sus pensamientos de forma precisa y persuasiva. La confianza permite a las personas proyectarse como comunicadores competentes y creíbles, aumentando la probabilidad de que su mensaje sea recibido positivamente y comprendido por los demás. La confianza en la comunicación puede definirse como la capacidad de expresar ideas, pensamientos y necesidades con seguridad en uno mismo. Esta confianza emana de una profunda creencia en las propias capacidades, conocimientos y valor como comunicador. Un comunicador seguro de sí mismo no sólo posee sólidas habilidades verbales, sino que también demuestra la capacidad de utilizar eficazmente las señales no verbales, como el lenguaje corporal, el tono de voz y el contacto visual, para transmitir su mensaje con asertividad. Esto crea una impresión positiva en la audiencia, estableciendo al orador como alguien con conocimientos y creíble. Una de las principales funciones de la confianza en la comunicación es su capacidad para transmitir competencia. Cuando una persona expresa con confianza sus pensamientos y necesidades, da la impresión de estar bien informada y de ser digna de confianza. Esto se debe a que su confianza refleja una sólida comprensión del tema y una creencia en sus propias capacidades para comunicarse eficazmente. Como resultado, es más probable que el público preste atención y se tome en serio su mensaje. Por el contrario, las personas que carecen de confianza pueden tener dificultades para comunicar sus ideas con claridad, lo que lleva a los demás a cuestionar su competencia y credibilidad como comunicadores. La confianza también desempeña un papel crucial en la comunicación persuasiva. Cuando las personas expresan con confianza sus necesidades y deseos, es más probable que convenzan a los demás para que apoyen sus ideas o actúen. Los comunicadores seguros de sí mismos son capaces de articular sus argumentos de forma convincente, presentando pruebas y razonamientos lógicos de manera persuasiva. No se dejan influenciar fácilmente por argumentos contrarios ni se intimidan ante posibles críticas. Por el contrario, mantienen la compostura y se muestran firmes, lo que les permite influir con éxito en los demás y alcanzar sus objetivos de comunicación. La confianza para expresar pensamientos y necesidades contribuye a la eficacia en la resolución de problemas y la toma de decisiones. Cuando las personas tienen confianza para comunicar sus ideas, pueden participar activamente en los debates, expresar sus opiniones y contribuir a encontrar soluciones. La confianza permite a los individuos expresar sus puntos de vista sin miedo a ser juzgados o rechazados, fomentando un entorno de diálogo abierto y colaboración. Esto aumenta las posibilidades de llegar a un consenso y tomar decisiones informadas que satisfagan las necesidades de todas las partes implicadas. Además de su impacto en los demás, la confianza en la comunicación también beneficia al individuo que la practica. Los comunicadores seguros experimentan una mayor autoestima y autoeficacia, ya que adquieren una sensación de control sobre su capacidad para expresarse eficazmente. Esto, a su vez, afecta positivamente a su bienestar general al reducir la ansiedad y el estrés asociados a la comunicación. La confianza permite a las personas ampliar sus redes sociales y profesionales, ya que es más probable que entablen conversaciones, establezcan contactos y busquen nuevas oportunidades. Sin embargo, desarrollar la confianza en la comunicación requiere práctica, conocimiento y autoconciencia. La comunicación eficaz es una habilidad aprendida que puede perfeccionarse mediante esfuerzos conscientes. Las personas pueden mejorar su confianza en la comunicación buscando oportunidades para practicar, como participar en debates o actos de oratoria. También pueden mejorar su conocimiento y comprensión de los principios y técnicas de comunicación mediante cursos, talleres o autoaprendizaje. La autorreflexión y los comentarios de los demás pueden aportar información valiosa sobre los puntos fuertes y las áreas de mejora de cada uno, contribuyendo al desarrollo de la confianza como comunicador. La confianza desempeña un papel crucial a la hora de expresar pensamientos y necesidades con seguridad. Es la capacidad de transmitir ideas, pensamientos y necesidades con seguridad en uno mismo. La confianza es esencial para establecer la competencia, persuadir a los demás y participar en la resolución eficaz de problemas y la toma de decisiones. No sólo influye en cómo perciben los demás al individuo como comunicador, sino que también contribuye al bienestar y al éxito personales. Desarrollar la confianza en la comunicación requiere práctica, conocimiento y autoconciencia. Los individuos deben buscar activamente oportunidades para mejorar sus habilidades comunicativas, ya que ello les permitirá expresarse con más confianza y eficacia.

ESTRATEGIAS PARA DESARROLLAR LA ASERTIVIDAD EN LA COMUNICACIÓN

Muchas personas tienen problemas con la asertividad en la comunicación, y a menudo se sienten indecisas o inseguras a la hora de expresar sus pensamientos, necesidades u opiniones. Desarrollar la asertividad es esencial para una comunicación eficaz y puede mejorar mucho las relaciones, tanto personales como profesionales. Hay varias estrategias que pueden utilizarse para cultivar la asertividad en la comunicación. Ante todo, es crucial comprender y reconocer la propia autoestima. Fomentar la autoestima y la confianza en uno mismo es fundamental para desarrollar la asertividad. Cuando las personas creen en sí mismas y en sus capacidades, son más capaces de hacer valer sus ideas, pensamientos y sentimientos. Una forma eficaz de aumentar la autoestima es hablar de uno mismo en positivo, sustituyendo conscientemente los pensamientos negativos por otros más positivos y alentadores. Reforzando constantemente las afirmaciones positivas, las personas pueden mejorar gradualmente su autoestima y, por consiguiente, su asertividad en la comunicación. La escucha activa es clave para la asertividad en la comunicación. La escucha activa implica estar plenamente implicado y presente en la conversación, prestando toda la atención al interlocutor. Esto implica mantener el contacto visual, asentir con la cabeza o dar señales no verbales para mostrar comprensión, y abstenerse de interrumpir. La escucha activa permite empatizar de verdad con el interlocutor y comprender mejor su punto de vista. Al escuchar activamente, las personas pueden responder de forma más asertiva, abordando las preocupaciones del interlocutor y expresando sus pensamientos sin despreciar sus sentimientos o ideas. Utilizar frases con "yo" puede contribuir en gran medida a la asertividad en la comunicación. Los enunciados "yo" expresan eficazmente puntos de vista y sentimientos personales sin culpar ni acusar a los demás. Al utilizar afirmaciones "yo", las personas asumen la responsabilidad de sus propias emociones y pensamientos, lo que puede facilitar una comunicación abierta y honesta. En lugar de decir: "Nunca me escuchas", una afirmación asertiva del "yo" sería: "Me siento desoído cuando intento expresar mis pensamientos". Este planteamiento evita la escalada del conflicto al centrarse en los sentimientos y experiencias personales en lugar de atacar a la otra persona. Las afirmaciones "yo" crean un entorno propicio a la comunicación asertiva, en el que ambas partes pueden expresar sus necesidades y sentimientos sin miedo a ser juzgadas o castigadas. La asertividad también requiere establecer límites claros y hacerse valer cuando sea necesario. Esto implica comunicar eficazmente los límites y las expectativas personales. Estableciendo límites, las personas pueden establecer sus zonas de confort, lo que en última instancia fomenta una dinámica de comunicación sana y respetuosa. Hacer cumplir asertivamente estos límites es crucial para mantener su integridad. Al imponerse con firmeza y respeto cuando se traspasan los límites, las personas reclaman su poder y demuestran su compromiso con una comunicación sana. Esto no sólo mejora la asertividad, sino que también cultiva el respeto y la comprensión mutuos en las relaciones. Aprender a gestionar las emociones con eficacia es esencial para desarrollar la asertividad en la comunicación. A menudo, las emociones pueden obstaculizar la comunicación eficaz, ya que las personas pueden sentirse abrumadas o reaccionar. Una estrategia útil es hacer una pausa cuando te sientas abrumado o emocionado. Hacer una pausa ofrece la oportunidad de reflexionar sobre las propias emociones y pensamientos, lo que permite responder de forma asertiva en lugar de emocional. Desarrollar la inteligencia emocional también es beneficioso para gestionar las emociones con eficacia. Esto implica reconocer y comprender las propias emociones, así como las de los demás, para responder con empatía y asertividad. Al reconocer y gestionar las emociones, las personas pueden comunicarse con más confianza y asertividad, expresándose con más eficacia sin permitir que las emociones desbaraten la conversación. La práctica es clave para desarrollar la asertividad en la comunicación. Como cualquier otra habilidad, la asertividad requiere un esfuerzo y una práctica constantes. Esto puede implicar la representación de situaciones asertivas, la búsqueda de opiniones de personas de confianza o la búsqueda activa de oportunidades para practicar la asertividad. Practicando conscientemente la comunicación asertiva, las personas pueden ir adquiriendo confianza y dominio para expresar sus necesidades, pensamientos y opiniones con eficacia. Desarrollar la asertividad en la comunicación es vital para lograr interacciones eficaces y significativas. Comprendiendo la propia autoestima, escuchando activamente, utilizando frases con "yo", estableciendo límites, gestionando las emociones y practicando la asertividad, las personas pueden liberar todo su potencial para expresarse con confianza y respeto. La comunicación asertiva no sólo fortalece las relaciones, sino que también capacita a las personas para defenderse a sí mismas y sus necesidades. Cultivar la asertividad en la comunicación conduce a conexiones más auténticas y satisfactorias con los demás, mejorando el éxito personal y profesional.

EMPATÍA

La empatía es otro aspecto crucial de la comunicación eficaz. Implica la capacidad de comprender y compartir los sentimientos de otra persona. La empatía nos ayuda a desarrollar una conexión más profunda con los demás, demostrándoles que nos preocupamos de verdad por sus emociones y experiencias. Cuando demostramos empatía, creamos un espacio seguro y de apoyo para que los demás se expresen libremente sin juicios ni temores. Esto es especialmente importante en la comunicación a nivel universitario, donde las personas proceden de entornos diversos y pueden enfrentarse a distintos retos. Practicando activamente la empatía, podemos salvar las distancias entre las distintas perspectivas y fomentar una cultura de comprensión e inclusión. Una forma de cultivar la empatía en nuestra comunicación es estar plenamente presentes durante las conversaciones. En el acelerado mundo actual, es fácil quedar atrapado en nuestros propios pensamientos y distracciones. Para empatizar de verdad con los demás, debemos prestarles toda nuestra atención. Esto significa apartar nuestros dispositivos, mantener el contacto visual y escuchar activamente lo que dice la otra persona. Mediante este compromiso centrado, podemos captar señales no verbales, como el lenguaje corporal y las expresiones faciales, que pueden darnos una idea de las emociones de la otra persona. Al reconocer y validar sus sentimientos, creamos un sentimiento de empatía, haciéndoles saber que sus experiencias nos importan. La empatía también implica suspender nuestros propios juicios y prejuicios. A menudo, cuando escuchamos a los demás, tendemos a filtrar sus palabras a través de nuestras propias perspectivas y creencias, lo que puede obstaculizar nuestra capacidad de comprenderlos de verdad. Para superar estas barreras, debemos abordar las conversaciones con la mente abierta y la voluntad de dejar a un lado nuestras ideas preconcebidas. Al hacerlo, podemos crear un espacio en el que las personas se sientan seguras para compartir sus pensamientos y sentimientos sin miedo a ser juzgadas. Esto puede fomentar un entorno de empatía y respeto, que nos permita establecer conexiones más fuertes y fomentar relaciones significativas con los demás. La empatía requiere que practiquemos la empatía activa, poniéndonos activamente en el lugar de los demás. Esto significa intentar imaginar cómo pueden estar sintiendo y pensando, aunque sus experiencias difieran de las nuestras. Cuando hacemos un esfuerzo consciente por comprender la perspectiva de alguien, podemos empatizar mejor con sus emociones y validar sus experiencias. Esto puede ser especialmente importante en la comunicación universitaria, donde los estudiantes proceden de entornos diversos y aportan perspectivas únicas. Practicando activamente la empatía, podemos aprender de los demás y crecer con ellos, enriqueciendo nuestras experiencias educativas. Además de la empatía individual, la empatía también puede fomentarse en entornos de grupo mediante estrategias de comunicación eficaces. Los proyectos y debates en grupo son habituales en los cursos universitarios, y ofrecen oportunidades de colaboración y comprensión mutua. Una forma de potenciar la empatía dentro de los grupos es establecer normas básicas que fomenten la inclusión y el respeto. Establecer normas de escucha activa, fomentar la participación igualitaria y valorar los diversos puntos de vista puede crear un entorno que dé prioridad a la empatía. Los facilitadores desempeñan un papel esencial a la hora de modelar un comportamiento empático y crear un espacio en el que los participantes se sientan cómodos compartiendo sus pensamientos y sentimientos. También pueden incorporarse al plan de estudios actividades de grupo que fomenten la empatía, como juegos de rol o ejercicios de toma de perspectiva, que permitan a los alumnos desarrollar sus habilidades empáticas en escenarios de la vida real. La empatía puede amplificarse aún más mediante prácticas reflexivas. Después de participar en conversaciones o interacciones, dedicar tiempo a reflexionar sobre la experiencia puede mejorar nuestra comprensión empática. Esta reflexión nos permite analizar nuestros propios prejuicios, suposiciones y reacciones, y considerar perspectivas alternativas. Al reflexionar sobre nuestras elecciones comunicativas, podemos identificar áreas de mejora y aprender de nuestras experiencias. Este proceso de autoconocimiento y crecimiento puede conducir a una mayor empatía, lo que nos permite conectar mejor con los demás y construir relaciones significativas. La empatía es un elemento fundamental de la comunicación eficaz, sobre todo en un contexto universitario. Mediante la escucha activa, suspendiendo los juicios y poniéndonos activamente en el lugar de los demás, podemos fomentar una cultura de comprensión e inclusión. La empatía nos permite crear espacios seguros para que las personas se expresen y nos ayuda a salvar las distancias entre perspectivas diversas. Practicando la empatía tanto a nivel individual como de grupo e implicándonos en prácticas reflexivas, podemos mejorar nuestras habilidades comunicativas y cultivar conexiones más profundas con quienes nos rodean.

COMPRENDER LAS PERSPECTIVAS DE LOS DEMÁS

Para comunicarse eficazmente con los demás, es crucial comprender y reconocer sus perspectivas. La perspectiva puede definirse como el punto de vista único de una persona, conformado por sus experiencias, creencias y valores personales. Abarca la forma en que uno ve e interpreta el mundo, incluidos sus pensamientos, emociones e intenciones. Comprender las perspectivas de los demás es de vital importancia porque nos permite desarrollar la empatía, construir relaciones sólidas y afrontar los conflictos con mayor eficacia. Al tratar activamente de comprender las perspectivas de los demás, podemos desarrollar el sentido de la empatía, que es la capacidad de ponernos en el lugar de otra persona y experimentar sus emociones y pensamientos. La empatía desempeña un papel clave en la comunicación eficaz, ya que nos permite conectar con los demás a un nivel más profundo, fomentando la confianza y la comprensión. Cuando nos tomamos el tiempo de escuchar a los demás e intentamos comprender de verdad su perspectiva, estamos validando sus experiencias y emociones, lo que contribuye a construir relaciones sólidas. Comprender las perspectivas de los demás nos ayuda a superar sesgos y prejuicios que pueden obstaculizar una comunicación eficaz. Cada persona tiene una serie de prejuicios y nociones preconcebidas basadas en sus propias experiencias y antecedentes culturales. Estos prejuicios pueden impedirnos comprender y apreciar realmente los puntos de vista de los demás. Intentando activamente comprender su punto de vista, podemos cuestionar esos prejuicios y ampliar nuestros propios horizontes. Esto es especialmente importante en la sociedad diversa actual, en la que coexisten personas de distintos orígenes culturales, étnicos y socioeconómicos. Para comunicarnos eficazmente, debemos ser capaces de sortear estas diferencias y comprender las perspectivas únicas que aportan. Comprender las perspectivas de los demás también es crucial para navegar por los conflictos y resolver los problemas. En muchos casos, los conflictos surgen de malentendidos y malas interpretaciones de las perspectivas de los demás. Cuando nos tomamos el tiempo necesario para escuchar y comprender de dónde vienen los demás, podemos identificar eficazmente las causas profundas de los conflictos y trabajar por una resolución que satisfaga a todas las partes implicadas. Valorando y respetando las distintas perspectivas, podemos fomentar una cultura de diálogo abierto y colaboración, que conduzca a relaciones más productivas y armoniosas. Comprender las perspectivas de los demás nos permite obtener valiosas percepciones y conocimientos. Cada persona tiene un conjunto único de experiencias y conocimientos que pueden contribuir a nuestro propio crecimiento y desarrollo. Entablando conversaciones significativas y buscando activamente perspectivas diversas, podemos ampliar nuestra propia comprensión del mundo y obtener nuevas ideas y perspectivas. Esto es especialmente relevante en entornos académicos y profesionales, donde la colaboración y la innovación se valoran mucho. Al aceptar diferentes perspectivas, podemos crear un entorno que fomente la creatividad y la resolución de problemas, lo que da lugar a soluciones y resultados más sólidos. Comprender las perspectivas de los demás fomenta el respeto mutuo y la empatía, que son valores fundamentales en cualquier sociedad. Promueve la inclusividad y fomenta el sentimiento de pertenencia, haciendo que las personas se sientan valoradas y comprendidas. Al reconocer y apreciar la riqueza de las diversas perspectivas, podemos crear una sociedad más armoniosa y equitativa que celebre las diferencias. Esto es especialmente relevante en nuestro mundo cada vez más interconectado, donde las interacciones interculturales y globales se están convirtiendo en la norma. Construir una base de comprensión y empatía es esencial para salvar las diferencias y fomentar la coexistencia pacífica. Comprender las perspectivas de los demás es primordial para una comunicación eficaz. Mediante la empatía, podemos conectar con los demás a un nivel más profundo, fomentando la confianza y construyendo relaciones sólidas. Al cuestionar los prejuicios y las ideas preconcebidas, podemos abrir nuestras mentes a la riqueza de las diversas perspectivas, ampliando nuestros horizontes. Comprender las perspectivas de los demás también ayuda a resolver conflictos y problemas, creando un entorno más armonioso y productivo. Promueve la inclusión y el respeto mutuo, fomentando un sentimiento de pertenencia y celebrando las diferencias. Al tratar activamente de comprender las perspectivas de los demás, podemos convertirnos en mejores comunicadores y, a su vez, crear un mundo más interconectado y compasivo.

FORMAS DE CULTIVAR LA EMPATÍA EN LA COMUNICACIÓN

Las formas de cultivar la empatía en la comunicación pueden mejorar enormemente nuestra capacidad de conectar de verdad con los demás a un nivel más profundo. Una forma de fomentar la empatía en la comunicación es a través de la escucha activa. Esto implica estar plenamente presente en el momento, prestar toda nuestra atención al interlocutor y tratar de comprender realmente su punto de vista. La escucha activa requiere que dejemos de lado nuestros propios juicios, suposiciones y prejuicios, y nos centremos en lo que dice el interlocutor. Al hacerlo, podemos comprender mejor sus emociones, preocupaciones y necesidades, lo que a su vez nos permite responder con empatía y compasión. Otra forma de cultivar la empatía en la comunicación es practicar el no juicio. A menudo, cuando participamos en conversaciones, nos apresuramos a formar opiniones y emitir juicios sobre la otra persona. Esto obstaculiza nuestra capacidad de comprender realmente sus experiencias y sentimientos. Al suspender conscientemente el juicio y abordar las conversaciones con una mente abierta, nos abrimos a una mayor comprensión de los demás. Esto nos permite empatizar con sus luchas, reconocer sus emociones y crear un espacio seguro para una comunicación abierta y honesta. Utilizar frases reflexivas puede ser una herramienta poderosa para fomentar la empatía. Las afirmaciones reflexivas consisten en resumir o parafrasear lo que ha dicho el interlocutor para asegurarnos de que lo hemos entendido correctamente. Esto no sólo confirma nuestra participación en la conversación, sino que también muestra al interlocutor que estamos escuchando activamente e intentando apreciar su perspectiva. También permite abordar y aclarar cualquier malentendido, alimentando aún más la empatía. Otra forma eficaz de cultivar la empatía en la comunicación es practicar la paciencia. En el acelerado mundo actual, a menudo nos precipitamos en las conversaciones, ansiosos por compartir nuestros pensamientos o pasar al siguiente tema. Si vamos más despacio y prestamos toda nuestra atención al interlocutor, demostramos respeto e importancia a sus sentimientos y experiencias. La paciencia permite que el interlocutor se sienta escuchado y reconocido, allanando el camino para una conexión y comprensión más profundas. Reconocer y validar las emociones desempeña un papel vital en el cultivo de la empatía en la comunicación. Cuando alguien comparte sus sentimientos con nosotros, es esencial validar y reconocer sus emociones. Esto puede hacerse mediante afirmaciones como "Comprendo que te sientas frustrado" o "Debe de ser difícil para ti pasar por una situación tan difícil". Al hacerlo, mostramos empatía y compasión, haciendo saber al interlocutor que nos preocupamos de verdad por sus emociones y estamos dispuestos a apoyarle. Practicar la humildad puede ser una forma eficaz de cultivar la empatía en la comunicación. La humildad implica reconocer que no tenemos todas las respuestas y que nuestra perspectiva puede ser limitada. Al reconocer nuestra propia falibilidad, creamos un entorno en el que se valoran las opiniones y perspectivas diferentes. Esto fomenta el diálogo abierto y honesto, promoviendo la empatía y la comprensión entre las personas. Practicar la autorreflexión es otra herramienta poderosa para cultivar la empatía en la comunicación. La autorreflexión implica dedicar tiempo a examinar nuestros propios prejuicios, suposiciones y actitudes hacia los demás. Al ser conscientes de nuestros propios prejuicios, podemos trabajar conscientemente para superarlos y desarrollar un enfoque más empático en nuestra comunicación. También nos permite cuestionar nuestras propias acciones y palabras, asegurándonos de que no estamos causando daño o malentendidos inadvertidamente. Hay varias formas de cultivar la empatía en la comunicación, que van desde la escucha activa y la ausencia de juicios hasta el uso de declaraciones reflexivas y la práctica de la paciencia. Al incorporar estas técnicas a nuestras conversaciones diarias, podemos fomentar un mayor sentido de comprensión, compasión y conexión con los demás. La empatía, a su vez, desempeña un papel crucial en la construcción de relaciones armoniosas, la resolución de conflictos y el fomento de una comunicación integradora y respetuosa. La comunicación eficaz en la era digital actual requiere comprender y utilizar diversas formas de tecnología. Con la llegada de las plataformas de redes sociales, las aplicaciones de mensajería en línea y las herramientas de videoconferencia, la forma en que nos comunicamos se ha transformado drásticamente. En esta era, el arte de la comunicación no sólo implica interacciones tradicionales cara a cara, sino que también se extiende a las conversaciones virtuales. Es importante que las personas se adapten y aprendan a navegar eficazmente por las plataformas virtuales para mantener conexiones significativas con los demás. La tecnología nos ha permitido superar las barreras geográficas y entablar una comunicación intercultural con más facilidad que nunca. Con sólo pulsar un botón, ahora podemos conectar con personas de distintas partes del mundo, lo que permite un intercambio verdaderamente global de ideas y perspectivas. Este alcance ampliado de la comunicación no sólo promueve la comprensión cultural, sino que también facilita el intercambio de conocimientos y avances en diversos campos. Es crucial ser consciente de los peligros potenciales de la comunicación mediada por la tecnología. Aunque ofrece comodidad y rapidez, también plantea retos como la mala interpretación de los mensajes y la posibilidad de sobrecarga de información. Sin señales no verbales ni entonación, los mensajes pueden malinterpretarse fácilmente, lo que puede dar lugar a malentendidos y conflictos. Quienes deseen dominar el arte de la comunicación deben ser conscientes de utilizar el tono, la claridad y el contexto adecuados cuando participen en conversaciones virtuales. La abundancia de información disponible en Internet puede abrumar a las personas, por lo que es esencial desarrollar habilidades de pensamiento crítico para discernir las fuentes fiables de la desinformación o la propaganda. En el panorama digital actual, la capacidad de cribar grandes cantidades de información y entablar una conversación con discernimiento es un aspecto crítico de la comunicación eficaz. El arte de la comunicación va más allá de las interacciones individuales y se extiende al ámbito profesional. Las habilidades de comunicación eficaz son muy buscadas por los empresarios, ya que son esenciales para establecer y mantener relaciones profesionales satisfactorias. Los estudios han demostrado que las personas que poseen una gran capacidad de comunicación tienen más probabilidades de ser ascendidas, recibir evaluaciones de rendimiento positivas y destacar en sus carreras. La capacidad de articular claramente los pensamientos, escuchar activamente y empatizar con los demás son componentes vitales de una comunicación eficaz. En un lugar de trabajo en rápida evolución, la comunicación eficaz es crucial para la colaboración y el trabajo en equipo. La capacidad de transmitir ideas, dar y recibir opiniones y resolver conflictos de forma constructiva son habilidades cruciales en un entorno profesional. La comunicación eficaz también implica la capacidad de navegar a través de perspectivas diversas y negociar soluciones mutuamente beneficiosas. En un mundo cada vez más interconectado y diverso, el arte de la comunicación desempeña un papel crucial en el fomento de la inclusividad y la creación de un entorno de trabajo armonioso. El arte de la comunicación va más allá de las palabras y el lenguaje. La comunicación no verbal, como el lenguaje corporal, las expresiones faciales y los gestos, a menudo habla más alto que las palabras. La capacidad de interpretar y utilizar las señales no verbales es un aspecto importante de la comunicación eficaz. Una simple expresión facial, como una sonrisa o el ceño fruncido, puede transmitir más que mil palabras. Comprender y utilizar la comunicación no verbal puede aumentar la eficacia de la comunicación verbal y establecer una relación de compenetración y confianza con los demás. El uso de ayudas visuales, como gráficos, tablas y diagramas, también puede aumentar enormemente la claridad y el impacto del mensaje. En la sociedad actual, orientada a lo visual, la habilidad para utilizar eficazmente los elementos visuales en la comunicación es muy valorada y puede ayudar mucho a transmitir ideas e información complejas. Así pues, el arte de la comunicación abarca no sólo la palabra hablada y escrita, sino también el uso de elementos no verbales y visuales para transmitir significado. El arte de la comunicación es una habilidad polifacética esencial para el éxito en diversos aspectos de la vida. La comunicación eficaz implica adaptarse a los avances tecnológicos, como las plataformas virtuales, sin perder de vista los posibles escollos que presentan. Abarca la capacidad de navegar por las diferencias culturales, evaluar críticamente la información y entablar conversaciones con criterio. La comunicación eficaz es crucial en los entornos profesionales, ya que sustenta el éxito de las relaciones, la colaboración y la promoción profesional. La comunicación no verbal y el uso de ayudas visuales desempeñan un papel importante en la mejora de la claridad y el impacto del mensaje. El arte de la comunicación es una habilidad en constante evolución, que requiere práctica y adaptación constantes para establecer conexiones significativas, fomentar la comprensión y alcanzar el éxito.

IV. EL IMPACTO DE LA COMUNICACIÓN EN LAS RELACIONES

La comunicación desempeña un papel crucial en la formación y el mantenimiento de las relaciones. Una comunicación eficaz permite a las personas expresar sus pensamientos, emociones y necesidades, fomentando la comprensión y la empatía entre compañeros, amigos, familiares y colegas. Por otra parte, la falta de comunicación o una comunicación ineficaz pueden provocar malentendidos, conflictos e incluso el deterioro de las relaciones. Ante todo, la comunicación sirve de vehículo para expresar los propios pensamientos y emociones. Al verbalizar sus ideas y sentimientos, las personas pueden compartir sus puntos de vista y ofrecer una visión de su mundo interior, lo que permite a sus parejas comprender mejor quiénes son a un nivel más profundo. La comunicación abierta y honesta crea un entorno en el que las personas se sienten seguras para revelar sus vulnerabilidades e inseguridades, lo cual es crucial para crear confianza e intimidad en las relaciones. Cuando los miembros de la pareja son capaces de comprender y apreciar los pensamientos y emociones del otro, es más probable que desarrollen un sentimiento de empatía y conexión emocional, mejorando la calidad general de la relación. La comunicación desempeña un papel vital en la resolución de problemas y conflictos en las relaciones. Los conflictos son una parte inevitable de cualquier relación, pero la forma de gestionarlos y resolverlos puede influir mucho en la longevidad y la fuerza del vínculo. La comunicación eficaz permite a las parejas, amigos o colegas abordar los conflictos de forma constructiva, en la que ambas partes se comprometen activamente a escuchar, validar y comprender los puntos de vista del otro. Al fomentar un entorno de comunicación abierta, las personas pueden trabajar juntas para encontrar puntos en común y negociar compromisos que beneficien a ambas partes. Esto no sólo resuelve los conflictos, sino que refuerza la relación al demostrar la voluntad de comunicarse y colaborar eficazmente. Además de resolver conflictos, la comunicación eficaz también ayuda a evitar que se produzcan malentendidos. Los malentendidos suelen surgir de suposiciones, malas interpretaciones o una comunicación incompleta. Al participar activamente en una comunicación eficaz, las personas pueden aclarar sus intenciones, pensamientos y expectativas, reduciendo la probabilidad de que se produzcan estos malentendidos. La comunicación eficaz permite a las personas dar su opinión, pedir aclaraciones y hacer preguntas, garantizando que ambas partes estén de acuerdo y comprendan claramente los pensamientos y las intenciones de la otra. Este nivel de claridad y comprensión fomenta la confianza y reduce la probabilidad de que surjan conflictos o resentimientos por malentendidos, preservando y reforzando así la relación. Cuando la comunicación se rompe o se vuelve ineficaz, las relaciones pueden sufrir enormemente. Una comunicación deficiente puede dar lugar a una mala comunicación, en la que la pareja se siente incomprendida o no escuchada, lo que crea una sensación de distancia y frustración. La ausencia de comunicación puede crear un vacío en la relación, haciendo que las personas se sientan aisladas y desconectadas. Sin una comunicación eficaz, los miembros de la pareja pueden tener dificultades para abordar los conflictos, lo que da lugar a problemas sin resolver que pueden agravarse y causar daños irreparables a la relación. La comunicación ineficaz también puede contribuir a la acumulación de resentimientos y emociones no expresadas, que con el tiempo pueden erosionar la confianza y la intimidad. Es crucial que las personas inviertan tiempo y esfuerzo en mejorar sus habilidades de comunicación y en entablar activamente un diálogo abierto, honesto y eficaz para evitar estas consecuencias negativas. La comunicación es un elemento esencial para formar y mantener relaciones sanas y satisfactorias. La comunicación eficaz permite a las personas expresar sus pensamientos, emociones y necesidades, fomentando la comprensión y la empatía. También ayuda a resolver conflictos, evitar malentendidos y crear un sentimiento de confianza e intimidad. Por otra parte, la ausencia de comunicación o una comunicación deficiente pueden provocar malentendidos, conflictos sin resolver y el deterioro de las relaciones. Las personas deben reconocer la importancia de una comunicación eficaz y esforzarse activamente por mejorar sus habilidades comunicativas para cultivar relaciones más sólidas y significativas.

RELACIONES INTERPERSONALES

Las relaciones interpersonales son, sin duda, un aspecto crucial de la existencia humana, ya que conforman de manera significativa nuestras experiencias y nuestro bienestar general. En el acelerado mundo actual, con el auge de las redes sociales y la comunicación digital, es esencial explorar cómo estos cambios han afectado a nuestra capacidad de conectar con los demás a un nivel más profundo. En los últimos años, se ha producido un notable deterioro de la calidad de las relaciones interpersonales, ya que las personas dependen cada vez más de los medios tecnológicos de comunicación. Puede que la comodidad y eficacia que ofrecen las plataformas digitales hayan revolucionado nuestra forma de relacionarnos, pero también han fomentado una sensación de desconexión y superficialidad. Muchas personas se han vuelto más absortas en sus vidas virtuales, dando prioridad al número de amigos o seguidores online en lugar de cultivar conexiones significativas con individuos reales. En consecuencia, las personas pueden sentirse aisladas, incluso en medio de una red online aparentemente inmensa. La tecnología también ha introducido nuevos retos en lo que se refiere a la comunicación no verbal y la comprensión emocional. En las interacciones cara a cara, dependemos mucho de las señales no verbales, como las expresiones faciales, el lenguaje corporal y el tono de voz, para interpretar las emociones subyacentes tras las palabras de alguien. Cuando nos comunicamos a través de pantallas, estas señales vitales suelen perderse o distorsionarse, lo que dificulta captar el verdadero estado emocional de la persona con la que nos relacionamos. Los malentendidos no son infrecuentes en las conversaciones digitales, ya que las personas pueden proyectar involuntariamente diferentes emociones o intenciones a través de sus mensajes. Esta falta de claridad emocional puede provocar conflictos o problemas sin resolver que podrían haberse solucionado fácilmente en una conversación cara a cara. En particular, no sólo el ámbito digital plantea retos para las relaciones interpersonales; las normas sociales y las actitudes individuales también desempeñan un papel importante. En la acelerada sociedad actual, la gente suele consumirse por sus objetivos y ambiciones personales, lo que deja poco tiempo para cultivar las relaciones. La presión por destacar académica o profesionalmente ha creado una cultura que valora el individualismo y el interés propio por encima de todo. Como resultado, los individuos pueden abordar las relaciones con una mentalidad transaccional, buscando beneficios o gratificaciones inmediatos en lugar de invertir el tiempo y el esfuerzo necesarios para establecer conexiones auténticas. Este enfoque puede conducir a una falta de confianza, ya que las personas pueden dudar en bajar la guardia y establecer vínculos significativos con los demás. Las percepciones sociales de la vulnerabilidad han afectado aún más a las relaciones interpersonales. La vulnerabilidad suele considerarse una debilidad y se asocia a connotaciones negativas, como ser demasiado emocional o dependiente. Estas expectativas sociales pueden disuadir a las personas de expresar sus verdaderos pensamientos y emociones, obstaculizando el desarrollo de relaciones íntimas. El miedo a ser juzgado o rechazado puede llevar a las personas a presentarse de un modo que se ajuste a las expectativas sociales, en lugar de ser auténticas, lo que puede crear una barrera a la conexión genuina. A pesar de estos retos, sigue siendo posible cultivar relaciones interpersonales significativas en la era digital actual. Requiere un esfuerzo consciente para dar prioridad a la calidad sobre la cantidad e invertir en relaciones que aporten valor y satisfacción. Una forma de conseguirlo es practicar la escucha activa y la empatía. Dedicar tiempo a comprender de verdad los pensamientos y sentimientos de los demás puede ayudar a forjar una conexión más profunda y fomentar la confianza. Asignar un tiempo determinado a las interacciones cara a cara puede mejorar la calidad de las relaciones. Las conversaciones en persona permiten el intercambio de señales no verbales y proporcionan una plataforma para la conexión emocional genuina. Haciendo un esfuerzo consciente para dar prioridad al tiempo que pasan juntos, las personas pueden salvar la brecha creada por la comunicación digital. Es esencial cuestionar las percepciones sociales de la vulnerabilidad y fomentar una comunicación abierta y honesta. Al aceptar la vulnerabilidad, las personas pueden crear un entorno en el que florezcan las conexiones auténticas. Expresar los verdaderos pensamientos y emociones permite una comprensión más profunda de uno mismo y de los demás, lo que conduce a relaciones más significativas y satisfactorias. Aunque el arte de la comunicación se ha transformado indudablemente con la era digital, la importancia de las relaciones interpersonales permanece inalterada. El auge de la tecnología ha planteado nuevos retos y barreras a la hora de formar conexiones profundas, pero con un esfuerzo consciente y un cambio de mentalidad, las personas pueden seguir cultivando relaciones significativas. Dando prioridad a la calidad sobre la cantidad, practicando la escucha activa y la empatía, y desafiando las percepciones sociales de vulnerabilidad, las personas pueden navegar por las complejidades de la era digital y fomentar conexiones auténticas. El arte de la comunicación reside en la capacidad de forjar vínculos que trasciendan lo superficial y permitan una conexión emocional genuina.

COMUNICACIÓN EFICAZ PARA ESTABLECER Y MANTENER RELACIONES

La comunicación eficaz es la base del éxito de cualquier relación, ya sea personal o profesional. En las relaciones personales, la comunicación eficaz garantiza que las personas implicadas se entiendan de verdad, lo que conduce a conexiones más profundas y a un vínculo más fuerte. Escuchando activamente, expresándose con claridad y utilizando las señales no verbales, las personas pueden evitar malentendidos y resolver conflictos más fácilmente. Esto crea un sentimiento de confianza y respeto mutuo, que son cruciales para mantener relaciones duraderas. En entornos profesionales, la comunicación eficaz es igualmente importante. Una comunicación clara y concisa permite a los miembros del equipo trabajar juntos en armonía hacia un objetivo común. Sin una comunicación eficaz, un proyecto puede desmoronarse rápidamente por falta de comunicación o de coordinación. Una comunicación eficaz puede fomentar un entorno de trabajo positivo, ya que las personas se sienten valoradas y comprendidas. Esto, a su vez, puede aumentar la satisfacción de los empleados y mejorar la productividad. La comunicación eficaz es vital para construir y mantener relaciones en la era digital. Con la llegada de la tecnología, la comunicación se ha vuelto más cómoda, pero también más compleja. Las plataformas de redes sociales, los correos electrónicos y la mensajería instantánea se han convertido en la norma de comunicación, pero conllevan sus propios retos. En el ámbito online, a menudo se pierden las señales no verbales y las expresiones faciales, lo que hace más difícil interpretar con precisión el mensaje pretendido. Esto aumenta la probabilidad de malentendidos y puede obstaculizar los esfuerzos por establecer relaciones. Empleando estrategias de comunicación eficaces, las personas pueden superar estos retos y fortalecer sus relaciones incluso en la era digital. La escucha activa es aún más crucial, ya que hay que estar atento y presente, a pesar de la ausencia de proximidad física. Las personas deben ser conscientes de las palabras que eligen, expresándose de forma clara y concisa para minimizar la confusión. Utilizar el tono y la voz con eficacia también puede ayudar a transmitir emociones que, de otro modo, podrían perderse en el texto escrito. Dominando estas técnicas, los individuos pueden construir y mantener relaciones significativas tanto en línea como fuera de ella. También hay que tener en cuenta que la comunicación eficaz no se limita a los intercambios verbales. Las señales no verbales, como el lenguaje corporal y las expresiones faciales, también desempeñan un papel importante en la comunicación. Los estudios han demostrado que las señales no verbales a menudo tienen más peso que la comunicación verbal, ya que proporcionan un contexto adicional y una visión de los sentimientos y pensamientos de una persona. Las personas que saben interpretar y utilizar las señales no verbales tienen más probabilidades de establecer relaciones satisfactorias, ya que pueden comprender mejor a los demás y conectar con ellos a un nivel más profundo. La comunicación eficaz es de suma importancia para construir y mantener relaciones, ya sean personales o profesionales. Escuchando activamente, expresándose con claridad y adoptando las señales verbales y no verbales, las personas pueden establecer confianza, evitar malentendidos y fomentar conexiones más profundas. En la era digital actual, la comunicación eficaz tiene una importancia aún mayor, ya que los avances tecnológicos han añadido capas adicionales de complejidad a la comunicación. Dominando el arte de la comunicación eficaz, las personas pueden superar estos retos y cultivar relaciones significativas tanto online como offline. La comunicación eficaz es la base sobre la que se construyen todas las relaciones de éxito, e invertir en su desarrollo es esencial para el crecimiento personal y profesional.

HABILIDADES QUE FOMENTEN UNA COMUNICACIÓN SANA Y RESUELVAN CONFLICTOS

Además de la empatía y la escucha activa, hay otras habilidades que fomentan una comunicación sana y ayudan a resolver conflictos. Una de ellas es la asertividad. Ser asertivo implica expresar los propios pensamientos, sentimientos y necesidades de forma directa y respetuosa. Permite a las personas comunicar claramente sus límites y expectativas, lo que puede ayudar a evitar que surjan malentendidos y conflictos. La comunicación asertiva también ayuda a resolver conflictos, ya que permite a las personas expresar sus preocupaciones y quejas de forma constructiva, sin recurrir a la agresión o al comportamiento pasivo-agresivo. Siendo asertivos, los individuos pueden hacer oír su voz al tiempo que respetan las perspectivas y opiniones de los demás. Otra habilidad esencial para fomentar una comunicación sana y resolver conflictos es la inteligencia emocional. La inteligencia emocional se refiere a la capacidad de reconocer, comprender y gestionar las propias emociones, así como las emociones de los demás. Implica ser consciente de las propias emociones y expresarlas eficazmente de forma clara y respetuosa. La inteligencia emocional también implica ser sensible a las emociones de los demás y demostrar empatía y compasión hacia ellos. Al desarrollar la inteligencia emocional, las personas pueden atravesar los conflictos con una mayor comprensión de sus propias emociones y de las emociones de los demás, lo que conduce a una comunicación más compasiva y eficaz. Las habilidades de resolución de conflictos también son imprescindibles para fomentar una comunicación sana. El conflicto es una parte inevitable de cualquier relación, y tener la capacidad de resolver conflictos de forma constructiva es crucial para mantener relaciones sanas. Las habilidades de resolución de conflictos implican encontrar activamente soluciones a los desacuerdos y las diferencias de opinión, sin escalar el conflicto ni dañar más la relación. Estas habilidades incluyen la negociación eficaz, el compromiso y la búsqueda de soluciones beneficiosas para todos, en las que ambas partes se sientan escuchadas y satisfechas. Empleando habilidades de resolución de conflictos, las personas pueden trabajar para resolverlos de forma que se fortalezcan las relaciones, en lugar de desgarrarlas. La comunicación no verbal activa es otra habilidad que desempeña un papel vital en el fomento de una comunicación sana y en la resolución de conflictos. La comunicación no verbal incluye las expresiones faciales, el lenguaje corporal, el tono de voz y los gestos. Puede transmitir emociones, actitudes e intenciones, a menudo con más precisión que la comunicación verbal. Siendo conscientes y prestando atención a las propias señales no verbales y a las señales no verbales de los demás, las personas pueden mejorar su comunicación y comprender mejor las emociones y los mensajes subyacentes. Utilizar la comunicación no verbal activa puede ayudar a resolver conflictos al alinear las señales verbales y no verbales, aumentando así la claridad y eficacia de la comunicación. La apertura y la voluntad de entablar una comunicación eficaz son habilidades esenciales para fomentar una comunicación sana y resolver conflictos. Ser abierto implica ser receptivo a nuevas ideas, perspectivas y opiniones. Exige suspender el juicio y escuchar de verdad a los demás, sin prejuicios ni ideas preconcebidas. Tener la mente abierta también significa estar dispuesto a reconocer y abordar las propias deficiencias y errores. Practicando la apertura, las personas pueden crear un entorno que fomente el diálogo honesto y constructivo, que es crucial para resolver conflictos y mantener una comunicación sana. La comunicación eficaz y sana es una habilidad que puede perfeccionarse y desarrollarse con el tiempo. Practicando habilidades como la empatía, la escucha activa, la asertividad, la inteligencia emocional, la resolución de conflictos, la comunicación no verbal activa y la franqueza, las personas pueden fomentar una comunicación sana y resolver eficazmente los conflictos. Estas habilidades no sólo mejoran las relaciones, sino que también contribuyen al crecimiento personal y al bienestar general. Por tanto, es imperativo que los individuos inviertan tiempo y esfuerzo en cultivar estas habilidades para convertirse en comunicadores eficaces y competentes en la resolución de conflictos.

RELACIONES ROMÁNTICAS

Las relaciones románticas son un aspecto único y complejo de la interacción humana que desempeña un papel importante en nuestras vidas. Estas relaciones abarcan una amplia gama de emociones, dinámicas y patrones de comunicación. Implican la atracción mutua, la conexión y el compromiso entre dos individuos, y a menudo conforman nuestro sentido de la identidad y el bienestar. El arte de comunicarse en las relaciones románticas implica diversas habilidades y técnicas esenciales para fomentar la intimidad, la comprensión y el crecimiento. La comunicación eficaz es primordial para establecer y mantener relaciones románticas sanas. Sirve de base para crear confianza, resolver conflictos y fomentar la intimidad emocional. La comunicación abierta y honesta permite a las personas expresar sus necesidades, deseos y preocupaciones, fomentando una sensación de seguridad y comprensión en la relación. Mediante una comunicación eficaz, los miembros de la pareja pueden compartir sus pensamientos y sentimientos sin miedo a ser juzgados o rechazados, creando un entorno de apoyo mutuo y empatía. La comunicación eficaz va más allá de la mera expresión; también requiere escucha activa y comprensión. Escuchar implica algo más que oír las palabras pronunciadas por nuestra pareja; implica una profunda atención a sus emociones, lenguaje corporal y señales tácitas. Escuchando activamente, las personas pueden comprender mejor la perspectiva, las necesidades y las preferencias de su pareja, lo que permite una respuesta más empática y compasiva. Otro aspecto vital de la comunicación eficaz en las relaciones románticas es la capacidad de afrontar conflictos y desacuerdos. Los conflictos son inevitables en cualquier relación, y la forma en que se gestionan puede influir enormemente en el bienestar y la longevidad de la pareja. La resolución eficaz de los conflictos implica la capacidad de mantener la calma, el respeto y la mente abierta durante los desacuerdos. Escuchando activamente las preocupaciones y puntos de vista del otro, los miembros de la pareja pueden colaborar para encontrar soluciones mutuamente satisfactorias. La comunicación durante el conflicto debe centrarse en el asunto en cuestión, en lugar de atacarse personalmente. Manteniendo un tono respetuoso y constructivo, las parejas pueden fomentar la comprensión y el compromiso, al tiempo que evitan dañar más la relación. El arte de comunicarse en las relaciones románticas también abarca la comunicación no verbal. Las señales no verbales, como el lenguaje corporal, las expresiones faciales y el tacto, son herramientas poderosas para transmitir emociones y establecer una conexión. A menudo, estas señales no verbales hablan más alto que las palabras y pueden evocar fuertes respuestas emocionales. Una caricia suave o una sonrisa cálida pueden comunicar amor y afecto con más eficacia que una simple declaración verbal. Comprender y utilizar la comunicación no verbal puede aumentar la intimidad emocional y la conexión dentro de una relación romántica, profundizando el vínculo entre los miembros de la pareja. Además de todas estas habilidades y técnicas, el arte de comunicarse en las relaciones románticas también requiere un profundo sentido de la empatía y de la inteligencia emocional. La empatía implica la capacidad de comprender y compartir los sentimientos de otra persona, lo que permite a los individuos estar en sintonía con las necesidades emocionales de su pareja. La inteligencia emocional, por su parte, se refiere a la capacidad de reconocer, comprender y gestionar las emociones propias y las de los demás. Al cultivar la empatía y la inteligencia emocional, los individuos pueden navegar por las complejidades de las emociones dentro de las relaciones románticas con mayor eficacia, lo que conduce a una mayor comprensión, apoyo y satisfacción. Las relaciones románticas son un aspecto vital de la vida humana, y el arte de comunicarse en ellas es crucial para su éxito y longevidad. La comunicación eficaz sirve de base para crear confianza, resolver conflictos y fomentar la intimidad emocional. Implica no sólo expresarse, sino también escuchar activamente y comprender las necesidades y perspectivas de la pareja. La comunicación eficaz durante los conflictos, la utilización de las señales no verbales y el cultivo de la empatía y la inteligencia emocional son habilidades esenciales para alimentar unas relaciones románticas sanas y satisfactorias. Al perfeccionar continuamente estas habilidades, las personas pueden navegar por las complejidades de las relaciones románticas y crear un vínculo fuerte y duradero con su pareja.

LA COMUNICACIÓN EN EL CULTIVO DE LA INTIMIDAD Y LA COMPRENSIÓN

En la era digital actual, la comunicación se ha vuelto omnipresente y, a veces, se da por sentada. Su papel en el cultivo de la intimidad y la comprensión no debe subestimarse. La comunicación es un aspecto fundamental de la interacción humana, que permite a las personas conectar, expresar emociones y compartir experiencias personales. Sirve de puente entre dos individuos, permitiéndoles forjar conexiones profundas y desarrollar un sentimiento de intimidad. La comunicación desempeña un papel crucial en el fomento del entendimiento entre las personas, ya que permite el intercambio de ideas, perspectivas y antecedentes culturales. La comunicación eficaz fomenta la empatía, la compasión y la tolerancia, que son esenciales para construir relaciones armoniosas en sociedades diversas. La intimidad se asocia a menudo con las relaciones románticas, pero va más allá de ellas. La intimidad tiene que ver con la cercanía emocional, la vulnerabilidad y la capacidad de conectar de verdad con otra persona a un nivel más profundo. La comunicación es la base sobre la que se construye la intimidad. Mediante una comunicación abierta y honesta, las personas pueden compartir sus pensamientos, miedos, deseos y sueños, creando una sensación de confianza y comprensión que es vital para el desarrollo de la intimidad. Las relaciones íntimas prosperan con una comunicación eficaz, ya que permite a los miembros de la pareja verbalizar sus necesidades, expresar afecto y superar juntos los retos. Más allá de las relaciones románticas, la comunicación también desempeña un papel fundamental en el cultivo de la intimidad entre familiares, amigos e incluso compañeros de trabajo. En estas relaciones, la comunicación sirve para fomentar la confianza y la camaradería. Compartir historias personales, escuchar atentamente y entablar conversaciones significativas ayuda a profundizar la conexión entre las personas. Tanto si se trata de una conversación sincera en torno a una taza de café con un amigo íntimo, como si se trata de una larga conversación sincera con un padre, la comunicación eficaz permite que las personas se sientan escuchadas, validadas y valoradas en sus relaciones. Dicha comunicación ayuda a construir una base sólida sobre la que pueden formarse vínculos duraderos. La comunicación es esencial para fomentar la comprensión entre las personas. A medida que el mundo se vuelve más interconectado y diverso, la necesidad de una comunicación eficaz es cada vez más importante. La comunicación permite a los individuos intercambiar ideas, perspectivas y antecedentes culturales. Es a través de este intercambio como puede alimentarse el entendimiento entre individuos y grupos diferentes. Escuchando activamente y dialogando, las personas pueden desarrollar una perspectiva más amplia y conocer formas alternativas de pensar y vivir. La comunicación eficaz fomenta la empatía, la compasión y la tolerancia. Permite a los individuos trascender sus propios prejuicios e ideas preconcebidas, lo que conduce a una mejora de las relaciones y a interacciones más armoniosas. Esto es especialmente crucial en el polarizado mundo actual, donde las diferencias de opinión e ideología suelen crear divisiones. Mediante una comunicación eficaz, las personas no sólo pueden desarrollar una comprensión profunda de los demás, sino también fomentar un entorno de respeto y aceptación. Esto, a su vez, allana el camino para la colaboración, el compromiso y la resolución de conflictos. La comunicación desempeña un papel crucial en la superación de las barreras lingüísticas y culturales. En un mundo globalizado, en el que interactúan a diario personas de distintos orígenes culturales y lingüísticos, la comunicación eficaz es primordial para fomentar el entendimiento mutuo y evitar malentendidos. La lengua es algo más que un medio de comunicación: encarna matices culturales, valores y tradiciones. Al desarrollar sólidas habilidades de comunicación, las personas pueden sortear las diferencias culturales y conectar con los demás de un modo más significativo. La competencia lingüística unida a la competencia cultural crea oportunidades para el aprendizaje intercultural, la colaboración y el aprecio. La comunicación es una herramienta vital para cultivar la intimidad y la comprensión entre las personas. Permite establecer conexiones profundas, expresar emociones y compartir experiencias personales. Con una comunicación eficaz, los individuos pueden desarrollar un sentimiento de confianza y vulnerabilidad que es esencial para fomentar la intimidad en diversos tipos de relaciones. La comunicación abre las puertas a la comprensión facilitando el intercambio de ideas, perspectivas y antecedentes culturales. Al fomentar la empatía, la compasión y la tolerancia, la comunicación eficaz desempeña un papel crucial en la construcción de relaciones armoniosas y en la superación de las diferencias culturales. Mientras navegamos por este mundo en constante evolución, cultivar nuestras habilidades de comunicación debe seguir siendo una prioridad para desbloquear realmente el arte de conectar con los demás.

RETOS DE COMUNICACIÓN Y ESTRATEGIAS PARA RESOLVERLOS

Uno de los retos más importantes de la comunicación es la mala interpretación de los mensajes. A menudo, las personas pueden tener la intención de transmitir un significado concreto, pero sus palabras o acciones son recibidas de forma diferente por los demás. Esta falta de comunicación puede provocar confusión, frustración y conflictos. Para resolver este problema, es fundamental emplear estrategias eficaces. Una de esas estrategias es la escucha activa. La escucha activa implica una escucha atenta y concentrada, en la que se intenta comprender plenamente el mensaje del orador. Es esencial prestar atención no sólo a las palabras que se dicen, sino también al tono, el lenguaje corporal y las señales no verbales del orador. De este modo, se pueden minimizar los malentendidos, ya que la escucha activa ayuda a comprender mejor el mensaje del orador. Otra estrategia para superar los malentendidos es el uso de la aclaración. Cuando no se está seguro del significado de un mensaje, es esencial pedir aclaraciones haciendo preguntas o parafraseando lo que ha dicho el orador. Esto garantiza que ambas partes están en la misma página y tienen una comprensión compartida del mensaje que se transmite. Elegir el canal de comunicación adecuado es vital para resolver los problemas de comunicación. Diferentes situaciones pueden requerir diferentes canales, como conversaciones cara a cara, llamadas telefónicas, correos electrónicos o memorandos escritos. Comprender el contexto y la naturaleza del mensaje puede ayudar a seleccionar el canal más adecuado. La información compleja o delicada puede transmitirse mejor a través de la comunicación cara a cara, donde pueden observarse las señales no verbales, mientras que los mensajes sencillos o concisos pueden comunicarse eficazmente a través del correo electrónico o de memorandos escritos. Tener en cuenta las diferencias culturales es crucial para resolver los problemas de comunicación. Las normas y prácticas culturales influyen en los estilos y expectativas de comunicación de las personas. Para garantizar una comunicación eficaz, es importante comprender y respetar estas diferencias culturales. Esto puede conseguirse mediante la formación en sensibilidad cultural, en la que las personas aprenden sobre los distintos valores culturales, creencias y estilos de comunicación. El uso de la tecnología puede ser una herramienta valiosa para superar los problemas de comunicación. Con el avance de la tecnología, las personas pueden comunicarse instantáneamente y sin problemas a través de grandes distancias. Herramientas como la videoconferencia, la mensajería instantánea y las plataformas de colaboración permiten la comunicación y la colaboración en tiempo real, rompiendo las barreras geográficas. Es importante ser consciente de los retos potenciales asociados a la tecnología, como los fallos tecnológicos o la mala interpretación de los mensajes debido a la ausencia de señales no verbales. Es crucial utilizar la tecnología con criterio y complementarla con otras estrategias de comunicación para garantizar una comunicación eficaz. Fomentar una cultura de comunicación abierta y retroalimentación es esencial para resolver los retos. Animar a las personas a expresar sus pensamientos, preocupaciones e ideas crea un entorno en el que la comunicación puede prosperar. Proporcionar comentarios constructivos ayuda a las personas a comprender sus puntos fuertes en materia de comunicación y los aspectos que pueden mejorar. Al crear una cultura de comunicación abierta y retroalimentación, las personas pueden sentirse cómodas expresándose, resolviendo malentendidos y fomentando una comunicación más sólida y eficaz. Los problemas de comunicación son inevitables tanto en el ámbito personal como en el profesional. Sin embargo, empleando estrategias eficaces como la escucha activa, la clarificación, la elección del canal de comunicación adecuado, la adopción de la sensibilidad cultural, la utilización adecuada de la tecnología y el fomento de la comunicación abierta y la retroalimentación, estos retos pueden resolverse. La comunicación eficaz no sólo es esencial para transmitir mensajes con precisión, sino también para establecer relaciones, resolver conflictos y alcanzar objetivos compartidos. Es crucial invertir tiempo y esfuerzo en mejorar las habilidades de comunicación y comprender las diversas estrategias disponibles para superar los retos comunicativos. Al hacerlo, los individuos pueden convertirse en comunicadores competentes, capaces de navegar por las complejidades de las interacciones humanas y lograr resultados comunicativos satisfactorios.

RELACIONES FAMILIARES

Las relaciones familiares son parte integrante de la comunicación humana y contribuyen significativamente al bienestar general del individuo. Estas relaciones conforman nuestros pensamientos, actitudes y comportamientos, e influyen en la forma en que interactuamos con los demás, tanto dentro como fuera de nuestra unidad familiar. Un vínculo familiar fuerte construye una base de confianza y apoyo, que permite una comunicación abierta y honesta. Una comunicación eficaz dentro de la familia permite a sus miembros comprender y atender las necesidades y preocupaciones de los demás, fomentando un entorno positivo y armonioso. Las relaciones familiares desempeñan un papel crucial en el desarrollo de importantes habilidades vitales, como la empatía, la resolución de conflictos y la inteligencia emocional. Al interactuar con distintos miembros de la familia, las personas aprenden a manejar emociones complejas, expresarse y escuchar activamente. Este conjunto de habilidades adquiridas resulta esencial para establecer y mantener relaciones sanas más allá de la esfera familiar. Las relaciones familiares también sirven como fuente de apoyo emocional en los momentos difíciles, proporcionando consuelo y estabilidad. Este sistema de apoyo puede ser especialmente beneficioso durante transiciones vitales importantes, como pérdidas, enfermedades o retos personales. Tener lazos familiares estrechos ofrece un sentimiento de pertenencia y pertenencia, infundiendo una sensación de seguridad y conexión. Con este apoyo, es más probable que las personas desarrollen resiliencia y afronten eficazmente los retos que surgen en los distintos ámbitos de la vida. Las relaciones familiares también desempeñan un papel decisivo en la transmisión de valores culturales y sociales de una generación a otra. Mediante experiencias, tradiciones y rituales compartidos, las familias refuerzan su herencia cultural y transmiten sus creencias y costumbres. Estas transmisiones proporcionan a los individuos un sentimiento de identidad y pertenencia a una comunidad concreta y les ayudan a conectar con sus raíces. Las relaciones familiares también tienen un impacto significativo en el sentido de sí mismo de un individuo. Las interacciones dentro de la unidad familiar conforman el concepto que uno tiene de sí mismo y su autoestima, ya que los miembros de la familia a menudo actúan como espejos que reflejan la valía y el valor del individuo. Las afirmaciones positivas y los ánimos de los miembros de la familia pueden contribuir a una imagen sana de uno mismo, mientras que las críticas o el abandono pueden conducir a una percepción negativa de uno mismo. En consecuencia, las relaciones familiares pueden influir en la confianza general de un individuo y en su sentido de la propia valía, repercutiendo en diversos aspectos de su vida, como los estudios, la elección de carrera y las relaciones personales. Por otra parte, la dinámica y las relaciones familiares también pueden tener efectos adversos en el bienestar mental y emocional de los individuos. Las relaciones familiares disfuncionales, caracterizadas por una comunicación limitada, negligencia emocional o abuso, pueden provocar una serie de resultados negativos. Las personas que experimentan este tipo de relaciones pueden tener problemas de confianza, dificultades para expresar sus emociones y adoptar mecanismos de afrontamiento poco saludables. Estos retos pueden tener efectos duraderos, dificultando la capacidad del individuo para formar y mantener relaciones sanas y repercutiendo en su bienestar psicológico y social. Los conflictos en el seno de la familia pueden crear estrés y tensión, afectando al ambiente general del hogar. Los conflictos no resueltos pueden erosionar la confianza y socavar el sistema de apoyo, provocando una disminución de la comunicación y una distancia emocional entre los miembros de la familia. Esta ruptura de la comunicación puede contribuir a una dinámica familiar disfuncional, agravando el impacto negativo en el bienestar de las personas. Las relaciones familiares son un aspecto fundamental de la comunicación eficaz y significativa. Proporcionan la base para el desarrollo de habilidades vitales esenciales, apoyo emocional y un sentimiento de pertenencia. Las relaciones familiares positivas influyen positivamente en la autoestima, el sentido de la propia valía y la identidad cultural. Las relaciones familiares disfuncionales pueden tener efectos perjudiciales en el bienestar emocional y mental de las personas. Por tanto, comprender y cultivar las relaciones familiares es crucial para fomentar pautas de comunicación sanas y el bienestar general. Reconociendo la importancia de las relaciones familiares e invirtiendo en su desarrollo, los individuos pueden mejorar su crecimiento personal y apoyar la felicidad y el éxito de sus seres queridos.

LA COMUNICACIÓN EN EL FORTALECIMIENTO DE LOS VÍNCULOS FAMILIARES

Una comunicación eficaz permite a los miembros de la familia expresar sus pensamientos, sentimientos y preocupaciones abierta y honestamente, fomentando un sentimiento de confianza y comprensión entre ellos. Al entablar conversaciones significativas, los miembros de la familia pueden conocer mejor las perspectivas de los demás, fomentando la empatía y la compasión. La comunicación proporciona una plataforma para la resolución de problemas y conflictos en el seno de la familia, permitiendo abordar las cuestiones de forma constructiva. Esto ayuda a crear resiliencia y capacidad de recuperación frente a futuros retos, ya que los miembros de la familia aprenden a superar juntos las dificultades, en lugar de evitarlas o reprimirlas. La comunicación regular dentro de la familia crea un sentimiento de pertenencia, ya que las personas se sienten valoradas y escuchadas en su propio hogar. Esto, a su vez, conduce a vínculos más fuertes y a un entorno familiar más solidario. Al mantener abiertas las líneas de comunicación, los miembros de la familia también están mejor preparados para afrontar los altibajos de la vida, ya que pueden confiar los unos en los otros para recibir apoyo emocional y orientación. Pueden celebrar los éxitos de los demás, echarse una mano en momentos de necesidad y proporcionar un espacio seguro para compartir miedos y vulnerabilidades. La comunicación actúa como catalizador del crecimiento personal y el autodescubrimiento dentro de la familia, ya que se anima a las personas a expresarse con autenticidad y a ser aceptadas por lo que son. En consecuencia, es más probable que los miembros de la familia desarrollen un sentimiento de autoestima y confianza, al saber que son amados y aceptados incondicionalmente dentro de su propia unidad familiar. La comunicación es un aspecto crucial para reforzar los lazos familiares, ya que fomenta la confianza, la comprensión, la resolución de problemas y el apoyo dentro de la familia. Promoviendo conversaciones abiertas y sinceras, las familias pueden crear un entorno seguro y enriquecedor en el que cada miembro se sienta valorado, escuchado y respetado. Mediante una comunicación eficaz, las familias pueden desarrollar conexiones más fuertes, resiliencia frente a los retos y un sentimiento de pertenencia. La comunicación permite el crecimiento personal y el autodescubrimiento, capacitando a los individuos para expresarse genuinamente y ser aceptados por lo que son. Es imperativo que las familias den prioridad y cultiven habilidades de comunicación eficaces, pues es la clave para mantener relaciones sanas y satisfactorias dentro de la unidad familiar.

PAUTAS DE COMUNICACIÓN EN LAS FAMILIAS Y FORMAS DE FOMENTAR UNA COMUNICACIÓN ABIERTA

Las pautas de comunicación dentro de las familias desempeñan un papel vital en la configuración de las relaciones y la dinámica general del hogar. Una comunicación abierta y eficaz es esencial para fomentar la comprensión, la confianza y un entorno sano para todos los miembros de la familia. Conseguir este nivel de comunicación puede ser un reto, ya que cada familia tiene su propia dinámica y estilos de comunicación. Una forma de fomentar la comunicación abierta en las familias es crear un espacio seguro y sin prejuicios para el diálogo. Esto puede conseguirse escuchando activamente a los demás, demostrando empatía y reservando tiempo para conversaciones significativas. Escuchar activamente implica prestar toda la atención al interlocutor, evitar distracciones y dar señales verbales y no verbales para mostrar comprensión. Demostrar empatía poniéndose en el lugar del otro permite a los miembros de la familia validar los sentimientos y experiencias de los demás. Esto crea una atmósfera de aceptación y fomenta la expresión abierta de pensamientos y emociones. Reservar momentos específicos para las discusiones o las reuniones familiares puede ayudar a establecer una rutina de comunicación y garantizar que todos tengan la oportunidad de ser escuchados. Las reuniones familiares programadas con regularidad pueden servir de plataforma para abordar preocupaciones, compartir logros y debatir decisiones familiares importantes. Otra forma de fomentar la comunicación abierta en las familias es promoviendo estrategias eficaces de resolución de conflictos. Los conflictos son inevitables en cualquier relación, pero la forma en que se gestionan puede determinar el ambiente general de la familia. Animar a los miembros de la familia a expresar sus preocupaciones de forma respetuosa y colaborar activamente para encontrar soluciones puede fortalecer las relaciones y generar confianza. Es esencial establecer normas básicas para la resolución de conflictos, como evitar los ataques personales, escuchar activamente los puntos de vista de los demás y buscar el compromiso. Enseñar y practicar la comunicación abierta y honesta en situaciones no conflictivas puede contribuir a un patrón de comunicación más sano cuando surgen los conflictos. Introducir y reforzar el concepto de "declaraciones yo" puede ser útil en estos casos. Las "afirmaciones yo" animan a las personas a expresar sus sentimientos y necesidades sin culpar ni criticar a los demás. Decir "Me siento herido cuando me interrumpes durante las conversaciones" en lugar de "Siempre me interrumpes" puede facilitar la comprensión y reducir la actitud defensiva. También puede fomentarse la comunicación abierta en la familia fomentando la individualidad y respetando los límites personales. Cada miembro de la familia tiene pensamientos, sentimientos y perspectivas únicos, y es crucial crear un entorno que permita la expresión individual. Respetar los límites personales significa reconocer y honrar el espacio y la intimidad de cada uno. Cuando los miembros de la familia sienten que se respetan sus límites, es más probable que se sientan cómodos abriéndose y compartiendo sus pensamientos y experiencias. Fomentar la comunicación abierta dentro de las familias implica ser consciente de los desequilibrios de poder que puedan existir y abordarlos. Los desequilibrios de poder pueden dificultar la comunicación abierta y hacer que los miembros de la familia se sientan ignorados o eclipsados. Es importante garantizar que todos los miembros de la familia tengan las mismas oportunidades de expresarse y contribuir a las conversaciones. Animar a cada uno a hablar por turnos y buscar activamente la aportación de todos puede ayudar a minimizar los desequilibrios de poder y crear un entorno familiar más integrador. Las pautas de comunicación en las familias tienen un impacto significativo en las relaciones y en la dinámica familiar en general. Fomentar una comunicación abierta requiere crear un espacio seguro para el diálogo, promover estrategias eficaces de resolución de conflictos, respetar los límites personales y abordar los desequilibrios de poder. Escuchando activamente, demostrando empatía, reservando tiempo para conversaciones significativas, promoviendo la individualidad y respetando los límites personales, las familias pueden crear un entorno que fomente la expresión abierta de pensamientos y emociones. La comunicación es un proceso continuo que requiere esfuerzo y práctica, pero los beneficios de fomentar una comunicación abierta pueden dar lugar a conexiones más fuertes, una mayor comprensión y un entorno familiar más sano. La comunicación eficaz implica la escucha activa, que es una habilidad esencial tanto para las relaciones interpersonales como para las profesionales. La escucha activa va más allá de simplemente oír las palabras que se dicen; requiere que el oyente se concentre plenamente, comprenda, responda y recuerde lo que se dice. Esta participación activa en el proceso de comunicación ayuda a establecer una conexión auténtica entre las personas, fomentando la confianza y la franqueza. Además de las palabras habladas, la escucha activa también implica prestar atención a las señales no verbales, como el lenguaje corporal y las expresiones faciales, que pueden proporcionar información valiosa sobre las emociones e intenciones del hablante. Escuchando activamente y observando estas señales no verbales, las personas pueden comprender mejor el mensaje que se transmite y responder adecuadamente. La escucha activa no sólo mejora las relaciones interpersonales, sino que también desempeña un papel crucial en los entornos profesionales. En un contexto empresarial, la comunicación eficaz es vital para el éxito de la colaboración, el trabajo en equipo y la toma de decisiones. Escuchando activamente las ideas y perspectivas de los demás en reuniones y debates, los empleados pueden generar soluciones innovadoras, crear consenso y tomar decisiones con conocimiento de causa. Las habilidades de comunicación eficaz suelen ser necesarias en las entrevistas de trabajo y las negociaciones, en las que las personas deben escuchar activamente para comprender las necesidades y expectativas de la otra parte. Al hacerlo, pueden adaptar sus respuestas y acciones en consecuencia, aumentando las posibilidades de lograr resultados mutuamente beneficiosos. Además de la escucha activa, la comunicación eficaz también requiere la habilidad de la empatía. La empatía es la capacidad de comprender y compartir los sentimientos de los demás, lo que permite a las personas comunicarse y conectar a un nivel emocional más profundo. Al ponerse en el lugar de los demás, las personas pueden comprender mejor sus perspectivas, preocupaciones y necesidades, y responder de forma compasiva y solidaria. Esto ayuda a construir relaciones sólidas, fomentar el respeto mutuo y promover una comunicación eficaz. En entornos profesionales, la empatía es especialmente valiosa en puestos de liderazgo, donde los líderes deben ser capaces de comprender y abordar las necesidades y preocupaciones de los miembros de su equipo. Demostrando empatía, los líderes pueden crear un entorno de trabajo abierto e integrador que motive a los empleados, fomente la lealtad y mejore el rendimiento general. La comunicación eficaz no se limita a los intercambios verbales; la comunicación escrita también es un componente vital para la expresión y la comprensión eficaces. En entornos académicos y profesionales, la comunicación escrita adopta diversas formas, como informes, memorandos, correos electrónicos y presentaciones. Una escritura clara, concisa y bien organizada permite la transmisión eficaz de información, ideas y argumentos. Las habilidades de redacción son cruciales para transmitir conceptos complejos, realizar investigaciones y presentar los resultados a un público más amplio. A menudo se considera que una buena capacidad de redacción refleja el pensamiento crítico y la capacidad de análisis de una persona, lo que aumenta su credibilidad y su capacidad de persuasión. Desarrollar una capacidad de comunicación escrita eficaz es esencial para tener éxito en la universidad y en muchas carreras profesionales. La comunicación eficaz es una habilidad indispensable en las relaciones personales y profesionales. Implica escucha activa, empatía y comunicación escrita eficaz. Escuchando activamente, las personas pueden establecer una conexión auténtica, fomentar la confianza y comprender mejor a los demás. La habilidad de la empatía permite comprender y compartir los sentimientos de los demás, fomentando la compasión y la comunicación solidaria. La comunicación escrita eficaz desempeña un papel crucial en entornos académicos y profesionales, ya que permite transmitir información, ideas y argumentos de forma clara y concisa. Desarrollar y perfeccionar estas habilidades comunicativas no sólo mejorará las relaciones, sino que también contribuirá al éxito en diversos aspectos de la vida.

V. EL PAPEL DE LA COMUNICACIÓN EN LA SOCIEDAD

Al examinar el papel de la comunicación en la sociedad, resulta evidente que sirve de pilar fundamental sobre el que se construyen nuestras estructuras sociales. La comunicación actúa como la savia de cualquier comunidad, conectando a los individuos y permitiendo el intercambio de pensamientos, ideas y emociones. Mediante una comunicación eficaz, las sociedades son capaces de forjar conexiones, construir relaciones y fomentar el entendimiento entre sus miembros. La comunicación desempeña un papel crucial en la formación y el mantenimiento de las normas, valores y tradiciones sociales, permitiendo la transmisión del patrimonio cultural de generación en generación. En primer lugar, la comunicación sirve como medio principal a través del cual los individuos conectan y establecen relaciones dentro de la sociedad. Los seres humanos son criaturas inherentemente sociales, y la comunicación actúa como el puente esencial que conecta a las personas a través de diversas dimensiones sociales, económicas y culturales. Ya sea por medios verbales o no verbales, la comunicación nos permite establecer relaciones íntimas con nuestros seres queridos, interactuar con nuestros iguales en nuestras comunidades y participar en actividades colectivas encaminadas a objetivos comunes. La comunicación eficaz no sólo mejora las relaciones personales, sino que también desempeña un papel fundamental en la creación de confianza, la resolución de conflictos y la facilitación de la cooperación dentro de los grupos sociales. La comunicación actúa como catalizador de la cohesión social, uniendo a los individuos y reuniéndolos bajo un sentido compartido de propósito e identidad. La comunicación desempeña un papel fundamental en la transmisión y el mantenimiento de las normas, valores y tradiciones sociales. A medida que las sociedades evolucionan, desarrollan sistemas culturales únicos que definen sus normas éticas, morales y de comportamiento. Estas normas y valores suelen reforzarse y transmitirse a través de diversas formas de comunicación, como el lenguaje, los rituales, la narración de historias y el arte. Al participar en la comunicación, los individuos aprenden las expectativas sociales predominantes, los ritos de paso y los modos de comportamiento aceptables dentro de su comunidad. Esta transmisión del patrimonio cultural garantiza la longevidad y continuidad de las normas sociales, permitiendo que cada generación comprenda la sabiduría colectiva acumulada por sus predecesores. En consecuencia, la comunicación sirve como mecanismo de control social, ya que se espera y se impone la adhesión a las normas culturales mediante una comunicación interpersonal eficaz. La comunicación desempeña un papel crucial en la difusión de la información y el conocimiento dentro de la sociedad. En la era digital contemporánea, el papel de la comunicación en el intercambio de información se ha hecho más prominente que nunca. Con la llegada de Internet y las plataformas de medios sociales, los individuos tienen ahora acceso a una cantidad de información sin precedentes procedente de diversas fuentes. La comunicación permite la rápida transmisión de noticias, descubrimientos científicos y aspectos culturales que conforman nuestra visión del mundo. Esta democratización de la información dota a los individuos de la capacidad de comprometerse críticamente con los acontecimientos actuales, tomar decisiones informadas y participar en el discurso público. Así, una comunicación eficaz garantiza que la ciudadanía esté bien informada sobre los acontecimientos sociales, ampliando sus horizontes intelectuales y fomentando una ciudadanía comprometida y activa. La comunicación sirve de mecanismo para el cambio y el progreso social. A lo largo de la historia, los movimientos sociales de impacto se han basado en estrategias de comunicación eficaces para difundir sus ideales, movilizar a las masas y provocar un cambio transformador. Desde el movimiento por los derechos civiles hasta el activismo ecologista, la comunicación eficaz ha sido decisiva para cuestionar el statu quo, desmantelar los sistemas opresivos y abogar por una sociedad más justa y equitativa. A través de diversos canales de comunicación, los activistas pueden concienciar sobre las injusticias sociales, fomentar la empatía y la comprensión entre grupos diversos e inspirar la acción colectiva. De este modo, la comunicación sirve de catalizador para la transformación social, capacitando a las personas para desafiar las estructuras de poder existentes y luchar por una sociedad más integradora y equitativa. No se puede exagerar el papel de la comunicación en la sociedad. Sirve como pilar fundamental que conecta a los individuos, facilita la transmisión del patrimonio cultural, permite la difusión de información y fomenta el progreso social. La comunicación eficaz es el cimiento sobre el que se construyen las comunidades, permitiendo a los individuos formar relaciones, resolver conflictos y cooperar hacia objetivos comunes. La comunicación garantiza la continuidad de las normas y valores sociales, reforzando el control y la cohesión sociales. En la era digital, la comunicación ha adquirido un papel cada vez más importante en el intercambio de información y el activismo, capacitando a las personas para comprometerse con el mundo que les rodea y lograr un cambio positivo. Así pues, el arte de comunicarse es la piedra angular de una sociedad funcional y cohesionada.

COMUNICACIÓN EN EL LUGAR DE TRABAJO

La capacidad de comunicarse eficazmente en el lugar de trabajo es crucial para mantener la productividad, fomentar la colaboración y resolver conflictos. Lograr una comunicación eficaz en el lugar de trabajo no siempre es una hazaña fácil. Requiere que los individuos posean sólidas habilidades de comunicación verbal y escrita, así como la capacidad de escuchar activa y empáticamente. Las organizaciones deben proporcionar una cultura de apoyo e inclusión que promueva una comunicación abierta y honesta. Sin estos componentes clave, la comunicación en el lugar de trabajo puede romperse, provocando malentendidos, baja moral y una disminución de la productividad. Para lograr una comunicación eficaz en el lugar de trabajo, las personas deben desarrollar primero unas sólidas habilidades de comunicación verbal y escrita. La comunicación verbal implica el uso de palabras habladas para transmitir mensajes e ideas. Es esencial para dirigir reuniones, hacer presentaciones y entablar conversaciones con los compañeros. Una comunicación verbal clara y concisa garantiza que la información se transmita con precisión y de forma digerible. Por otra parte, la comunicación escrita implica el uso de palabras escritas para transmitir mensajes e ideas. Incluye correos electrónicos, memorandos e informes, que son fundamentales para documentar información importante y dar instrucciones. La comunicación escrita eficaz se caracteriza por la claridad, la brevedad y la gramática y puntuación adecuadas. Tanto las habilidades de comunicación verbal como las escritas son vitales en el lugar de trabajo, ya que contribuyen a la claridad y eficacia generales de la comunicación. La escucha activa es otro aspecto crucial de la comunicación eficaz en el lugar de trabajo. La escucha activa implica concentrarse plenamente en el mensaje del orador, comprenderlo y responder a él. Requiere que los individuos se abstengan de distracciones, como consultar sus teléfonos inteligentes o dedicarse a pensamientos no relacionados, y en su lugar centren su atención en el orador. La escucha activa también implica dar retroalimentación y hacer preguntas pertinentes para garantizar la comprensión. Al escuchar activamente a sus compañeros, las personas pueden evitar malentendidos y malas interpretaciones, y fomentar un entorno de trabajo más colaborativo e integrador. Además de unas sólidas habilidades de comunicación y de la escucha activa, las organizaciones también deben esforzarse por crear una cultura solidaria e integradora que promueva una comunicación abierta y sincera. Esta cultura anima a las personas a expresar sus pensamientos, opiniones y preocupaciones sin temor a ser juzgadas o a represalias. Una cultura solidaria e integradora se basa en la confianza, el respeto y la empatía, y permite que las personas se sientan valoradas y escuchadas. Una cultura de este tipo fomenta también el trabajo en equipo y la colaboración, ya que es más probable que las personas compartan ideas y colaboren cuando se sienten cómodas y apreciadas. Crear y mantener una cultura solidaria e integradora requiere esfuerzos tanto por parte de los líderes de la organización como de los empleados individuales. Los líderes deben dar un ejemplo positivo practicando ellos mismos una comunicación abierta y honesta, y dando oportunidades a los empleados para que expresen sus opiniones y preocupaciones. Los empleados, por su parte, deben participar activamente en el proceso de comunicación, expresándose y participando activamente en los debates y en la resolución de problemas. La comunicación eficaz en el lugar de trabajo no se limita al intercambio de información entre compañeros, sino que también se extiende a la resolución de conflictos. Los conflictos son una parte inevitable de cualquier lugar de trabajo, ya que confluyen personas con perspectivas e ideas diferentes. La forma en que se abordan y resuelven los conflictos puede tener un gran impacto en las relaciones laborales y en la productividad general. La resolución eficaz de conflictos exige que las personas mantengan la calma y la compostura, y que aborden los conflictos con una mentalidad abierta y la voluntad de encontrar una solución beneficiosa para ambas partes. También implica habilidades de comunicación eficaces, como la escucha activa, la empatía y el compromiso. Al comunicar eficazmente sus necesidades, preocupaciones y perspectivas, las personas pueden colaborar para encontrar una solución que beneficie a todos los implicados. La comunicación en el lugar de trabajo es un componente esencial del éxito de cualquier organización. Una comunicación eficaz en el lugar de trabajo requiere que las personas posean sólidas habilidades de comunicación verbal y escrita, así como la capacidad de escuchar activamente a sus colegas y de comprometerse con ellos. Las organizaciones también deben esforzarse por crear una cultura solidaria e integradora que fomente una comunicación abierta y sincera. Al lograr una comunicación eficaz en el lugar de trabajo, las organizaciones pueden mantener la productividad, fomentar la colaboración y resolver conflictos.

COMUNICACIÓN EFICAZ PARA LA PRODUCTIVIDAD Y LA COLABORACIÓN

La comunicación eficaz es esencial para la productividad y la colaboración en cualquier entorno, ya sea en el trabajo o en las relaciones personales. Permite a las personas transmitir sus pensamientos, ideas y conocimientos de forma clara y concisa, garantizando que todos los implicados estén de acuerdo. Sin una comunicación eficaz, pueden malinterpretarse las tareas, incumplirse los plazos y surgir conflictos. En el lugar de trabajo, por ejemplo, la comunicación clara entre los miembros del equipo es crucial para alcanzar objetivos comunes y fomentar la colaboración. Cuando todos entienden lo que hay que hacer y cómo hay que hacerlo, aumenta la productividad y se maximiza la eficacia. La comunicación eficaz promueve un entorno de trabajo positivo y mejora la moral de los empleados. Cuando las personas se sienten escuchadas y comprendidas, es más probable que estén comprometidas y motivadas, lo que en última instancia conduce a un aumento de la productividad. La comunicación eficaz permite a las personas trabajar juntas en armonía, fomentando la colaboración y la innovación. Al compartir abiertamente las ideas y escuchar a los demás, mejora el trabajo en equipo y pueden descubrirse nuevas perspectivas y soluciones. Este entorno de colaboración no sólo beneficia al equipo en su conjunto, sino que también contribuye al crecimiento y desarrollo individuales. Es más probable que los empleados se sientan valorados y apoyados, lo que conduce a una mayor satisfacción en el trabajo y puede dar lugar a mayores tasas de retención. La comunicación eficaz no se limita al lugar de trabajo; también es crucial en las relaciones personales. Ya sea con familiares, amigos o parejas sentimentales, una comunicación clara y abierta es clave para mantener relaciones sanas y prósperas. Cuando las personas comunican eficazmente sus necesidades, deseos y preocupaciones, se facilita la comprensión mutua y se ayuda a evitar malentendidos y conflictos. Al compartir abiertamente pensamientos y sentimientos, se cultivan la confianza y la intimidad, fomentando conexiones más fuertes y significativas. La comunicación eficaz en las relaciones personales también permite a los individuos proporcionar apoyo y empatía, mejorando la intimidad emocional y la satisfacción general de la relación. La comunicación eficaz desempeña un papel fundamental en la resolución de conflictos. Escuchando activamente y expresándose de forma asertiva y respetuosa, las personas pueden llegar a un entendimiento mutuo y encontrar soluciones que satisfagan a ambas partes. Esto no sólo ayuda a preservar la relación, sino que también contribuye al crecimiento personal y a mejorar la inteligencia emocional. La comunicación eficaz es una habilidad que puede aprenderse y desarrollarse. Empieza con la autoconciencia, ya que los individuos necesitan comprender su propio estilo de comunicación, sus puntos fuertes y sus puntos débiles. Este autoconocimiento permite al individuo adaptar su enfoque comunicativo en función de la situación y de las necesidades de los demás. La escucha activa también es un componente crucial de la comunicación eficaz. Implica centrarse plenamente en el interlocutor, mantener el contacto visual y proporcionar información para garantizar la comprensión. Al escuchar activamente, los individuos demuestran respeto e interés genuino, lo que ayuda a establecer confianza y compenetración. La comunicación eficaz también requiere claridad y concisión. La comunicación clara implica utilizar un lenguaje fácil de entender y evitar la jerga o los términos técnicos que puedan resultar desconocidos para el público. Ser conciso permite a las personas transmitir su mensaje con eficacia, sin información innecesaria ni confusión. La comunicación no verbal desempeña un papel importante en la comunicación eficaz. Las señales no verbales, como el lenguaje corporal, las expresiones faciales y el tono de voz, a menudo pueden transmitir más significado que las palabras por sí solas. Ser consciente de estas señales no verbales y gestionarlas es esencial para garantizar que los demás perciban y comprendan con precisión el mensaje que se pretende transmitir. La comunicación eficaz es crucial para la productividad y la colaboración, tanto en el trabajo como en las relaciones personales. Mejora la comprensión, fomenta la colaboración y promueve las relaciones positivas. Practicando la autoconciencia, la escucha activa y la comunicación clara y concisa, las personas pueden mejorar sus habilidades comunicativas y crear un entorno propicio a la productividad y la colaboración. Tanto en el trabajo como en las relaciones personales, la comunicación eficaz es una habilidad vital que puede conducir a un mayor éxito, satisfacción y felicidad.

LAS BARRERAS DE COMUNICACIÓN EN EL LUGAR DE TRABAJO Y LAS ESTRATEGIAS PARA SUPERARLAS

En el ajetreo del lugar de trabajo moderno, la comunicación eficaz es vital para el buen funcionamiento de las organizaciones. Existen numerosas barreras que dificultan la comunicación eficaz, lo que provoca malentendidos y reduce la productividad. Estas barreras pueden clasificarse en tres tipos principales: barreras físicas, barreras semánticas y barreras psicológicas. Las barreras físicas incluyen el ruido, la distancia y otros factores externos que impiden la transmisión de mensajes. Las barreras semánticas, por su parte, implican el mal uso o la mala interpretación del lenguaje, lo que lleva a la confusión y a la falta de comunicación. Las barreras psicológicas se derivan de sesgos, prejuicios y emociones personales que dificultan la correcta comprensión de los mensajes. Aunque estas barreras puedan parecer insuperables, con estrategias y técnicas adecuadas, pueden superarse para promover una comunicación eficaz en el lugar de trabajo. Una de las barreras físicas más comunes en el lugar de trabajo es el ruido. En un entorno de oficina abierta o en una fábrica, el ruido de fondo puede distraer a los empleados y dificultar su concentración en el mensaje que se transmite. Para superar esta barrera, los empresarios pueden considerar la aplicación de medidas de reducción del ruido, como la insonorización o el suministro a los empleados de auriculares con cancelación de ruido. Disponer espacios más tranquilos a los que los empleados puedan acudir para mantener conversaciones importantes o asegurarse de que las reuniones se celebren en salas insonorizadas designadas también puede ayudar a minimizar el impacto del ruido en la comunicación. Otra barrera física que puede impedir una comunicación eficaz es la distancia. En el mundo globalizado de hoy, muchos lugares de trabajo operan en múltiples ubicaciones o incluso continentes. Esta dispersión geográfica puede obstaculizar la comunicación cara a cara, dificultando la colaboración eficaz de los miembros del equipo. Los avances tecnológicos han facilitado salvar esta distancia. Las herramientas de videoconferencia, como Zoom o Microsoft Teams, permiten a los empleados entablar conversaciones en tiempo real, ver las expresiones y el lenguaje corporal de los demás y compartir documentos y archivos. Aprovechando estas soluciones tecnológicas, las organizaciones pueden superar la barrera de la distancia y fomentar una mejor comunicación entre equipos dispersos geográficamente. Las barreras semánticas son especialmente problemáticas, ya que surgen de la forma en que se utiliza e interpreta el lenguaje. Un lenguaje ambiguo o poco claro puede provocar malentendidos y confusión entre los empleados. Para hacer frente a esta barrera, es crucial que las organizaciones promuevan la claridad del lenguaje y se aseguren de que todos entienden el mensaje pretendido. Una estrategia eficaz es el uso de un lenguaje sencillo, que implica evitar la jerga, los términos técnicos y las estructuras complejas de las frases. Simplificando el lenguaje y utilizando explicaciones directas, las organizaciones pueden mejorar la comprensión y retención de información importante. Proporcionar a los empleados material de comunicación escrito, como memorandos o correos electrónicos, puede servir de referencia para aclarar cualquier mensaje malinterpretado. Las barreras psicológicas, como los prejuicios y las emociones, pueden afectar significativamente a la comunicación en el lugar de trabajo. Estas barreras están profundamente arraigadas en actitudes individuales, experiencias y relaciones personales, por lo que es difícil superarlas. Las organizaciones deben esforzarse por crear un entorno laboral integrador y abierto que fomente la comunicación abierta y la diversidad de perspectivas. Esto puede lograrse mediante programas de formación sobre competencia y sensibilidad culturales, que fomenten la tolerancia y el respeto entre los empleados. Fomentar la escucha activa, la empatía y la inteligencia emocional también puede ayudar a los empleados a superar las barreras psicológicas y permitir una mejor comprensión y compenetración entre los miembros del equipo. El uso de mecanismos de retroalimentación es esencial para superar las barreras de la comunicación. La retroalimentación ayuda a garantizar que se ha entendido el mensaje pretendido y facilita los ajustes o aclaraciones necesarios. Las organizaciones pueden promover una cultura de retroalimentación frecuente y constructiva animando a los empleados a hacer aportaciones, sugerencias y preguntas. Esto puede hacerse mediante reuniones periódicas de equipo, buzones de sugerencias anónimos o incluso encuestas de opinión en línea. Al valorar y poner en práctica las opiniones, las organizaciones pueden reforzar los canales de comunicación, abordar los posibles obstáculos de forma proactiva y mejorar la comunicación general en el lugar de trabajo. La comunicación eficaz en el lugar de trabajo es crucial para el éxito de las organizaciones. Barreras como los obstáculos físicos, los malentendidos semánticos y los prejuicios psicológicos pueden dificultar este proceso. Mediante la aplicación de diversas estrategias, como las medidas de reducción del ruido, la comunicación facilitada por la tecnología, el uso de un lenguaje sencillo, la formación en competencia cultural y los mecanismos de retroalimentación, pueden superarse estas barreras. Fomentando un entorno que promueva la apertura, la inclusión y la escucha activa, las organizaciones pueden superar las barreras de la comunicación y aprovechar el poder de la comunicación eficaz para impulsar la productividad, la colaboración y el éxito organizativo.

MEDIOS DE COMUNICACIÓN Y COMUNICACIÓN DE MASAS

Los medios de comunicación y la comunicación de masas son componentes esenciales de la sociedad moderna, que permiten a las personas difundir información, expresar opiniones y entablar un diálogo significativo. En el panorama digital actual, que cambia rápidamente, los canales a través de los cuales se transmite la información, las plataformas mediante las cuales se comunica la gente y las formas en que se consumen los mensajes han evolucionado significativamente. La llegada de Internet y de las plataformas de medios sociales ha revolucionado el campo de los medios y la comunicación de masas, transformando las formas tradicionales de los medios en medios interactivos y participativos. Esto no sólo ha democratizado la difusión de información, sino que también ha dado lugar a retos y oportunidades en ámbitos como las noticias falsas, la alfabetización mediática y la preservación de la privacidad. Con el auge de las personas influyentes en los medios sociales y el alcance cada vez mayor de las plataformas en línea, los límites entre los medios tradicionales y los nuevos son cada vez más difusos, lo que lleva a una redefinición de lo que constituyen fuentes creíbles de información y voces autorizadas. A medida que los medios y la comunicación de masas siguen evolucionando, es crucial que las personas desarrollen habilidades de pensamiento crítico y alfabetización mediática para navegar a través de la enorme cantidad de información y discernir entre fuentes fiables y contenidos engañosos. La responsabilidad no sólo recae en la audiencia, sino también en las organizaciones de medios de comunicación, que deben mantener unas normas éticas, garantizar la transparencia y ofrecer información precisa e imparcial. Aunque los medios y la comunicación de masas tienen el poder de conectar a las personas y fomentar el diálogo, también pueden perpetuar las divisiones y reforzar los prejuicios existentes. La prevalencia de plataformas basadas en algoritmos y de noticias personalizadas puede crear cámaras de eco, filtrando las opiniones discrepantes y exacerbando la polarización. Es imperativo que las organizaciones de medios de comunicación y las empresas tecnológicas reconozcan las implicaciones éticas de sus algoritmos y algoritmos y se esfuercen por contrarrestar las consecuencias negativas que pueden tener en la sociedad. Con la llegada de nuevas tecnologías como la realidad virtual y la inteligencia artificial, el futuro de los medios y la comunicación de masas es muy prometedor y tiene un gran potencial. La realidad virtual tiene la capacidad de transportar a los individuos a entornos inmersivos, permitiendo experiencias elevadas y nuevas formas de narración. La integración de la inteligencia artificial en la producción de medios de comunicación puede agilizar los flujos de trabajo, automatizar ciertas tareas y mejorar la personalización de los contenidos. A medida que estas tecnologías siguen avanzando, deben tenerse en cuenta las consideraciones éticas. El uso ético de la realidad virtual debe garantizar la preservación de la privacidad y el consentimiento, ya que las personas pueden verse expuestas a formas invasivas de vigilancia o explotación. La integración de la inteligencia artificial en la producción de los medios de comunicación suscita preocupaciones en torno a los prejuicios y la posibilidad de difusión de información engañosa o manipulada. A medida que los medios de comunicación y la comunicación de masas siguen evolucionando, es crucial que la sociedad se adapte a estos cambios y adopte los avances tecnológicos sin dejar de estar alerta ante los posibles peligros. Los medios y la comunicación de masas son parte integrante de la sociedad moderna y desempeñan un papel importante en la formación de la opinión pública, la difusión de información y el fomento del diálogo. La llegada de Internet y de las plataformas de medios sociales ha revolucionado este campo, democratizando la difusión de la información y transformando las formas tradicionales de los medios de comunicación en medios interactivos y participativos. Con estos cambios surgen nuevos retos y oportunidades, como las noticias falsas, la alfabetización mediática y la preservación de la privacidad. Aunque los medios y la comunicación de masas tienen el poder de conectar a las personas y fomentar el diálogo, también pueden perpetuar las divisiones y reforzar los prejuicios existentes. A medida que la tecnología sigue avanzando, el futuro de los medios y la comunicación de masas es muy prometedor y tiene un gran potencial, sobre todo con la integración de la realidad virtual y la inteligencia artificial. Es esencial que se tengan en cuenta consideraciones éticas para garantizar la privacidad, el consentimiento y la credibilidad de la información. El arte de comunicar reside en la capacidad de navegar por la ingente cantidad de información y discernir entre fuentes fiables y contenidos engañosos, fomentando al mismo tiempo la inclusión, la diversidad y el pensamiento crítico en el discurso público.

LA INFLUENCIA DE LOS MEDIOS DE COMUNICACIÓN EN LA FORMACIÓN DE LA OPINIÓN PÚBLICA Y LA PERCEPCIÓN

La influencia de los medios de comunicación en la formación de la opinión y la percepción públicas es innegable, ya que desempeñan un papel importante en la difusión de información y en la configuración de la forma en que los individuos perciben el mundo que les rodea. Los medios de comunicación tienen el poder de moldear la opinión pública eligiendo selectivamente qué historias e información destacar, enmarcando los temas de una manera determinada y sesgando la cobertura para lograr resultados específicos. Mediante el bombardeo constante de imágenes, noticias y artículos de opinión, los medios de comunicación pueden moldear el discurso público y establecer lo que se considera importante o digno de atención. Esta capacidad de moldear la narrativa pública se ha acentuado aún más en la era digital, donde la información es accesible al instante y se difunde rápidamente a través de las plataformas de las redes sociales. Una forma significativa en que los medios de comunicación moldean la opinión pública es a través de la selección de historias. Los editores y periodistas desempeñan un papel fundamental a la hora de decidir qué noticias se cubren y cómo se presentan al público. Al dar prioridad a unas noticias sobre otras o al centrarse en aspectos concretos de un acontecimiento, los medios de comunicación pueden dirigir la atención del público hacia temas o narrativas particulares. Si un medio de comunicación cubre sistemáticamente historias sobre delincuencia y violencia, puede contribuir a la percepción de una sociedad plagada de actividad delictiva desenfrenada. Del mismo modo, si las historias sobre escándalos políticos dominan el ciclo de noticias, puede producirse una desilusión pública con los políticos y una sensación generalizada de corrupción en el ámbito político. Así pues, al elegir selectivamente qué historias destacar, los medios de comunicación tienen el poder de moldear la opinión pública y reforzar determinadas percepciones. Otra forma en que los medios de comunicación moldean la opinión pública es a través del encuadre. Los medios de comunicación pueden enmarcar los temas de una forma determinada, haciendo hincapié en ciertos aspectos y restando importancia o ignorando otros. Este encuadre puede influir significativamente en la percepción pública, ya que determina cómo los individuos entienden e interpretan los acontecimientos. Durante una protesta, los medios de comunicación pueden presentar a los manifestantes como activistas pacíficos o alborotadores, dependiendo del lenguaje y las imágenes que utilicen en su cobertura. Este encuadre puede moldear la opinión pública sobre la legitimidad y eficacia de la protesta, influyendo así en el apoyo o la oposición del público a la causa. Utilizando encuadres específicos, los medios de comunicación pueden influir en la percepción que el público tiene de los acontecimientos y moldear sus actitudes y creencias. El sesgo de los medios de comunicación es otro factor crucial que moldea la opinión y la percepción públicas. Los medios de comunicación suelen tener prejuicios inherentes que influyen en su cobertura y en sus decisiones editoriales. Estos prejuicios pueden derivarse de las inclinaciones ideológicas de los periodistas o de la propiedad de la organización mediática. Sea intencionado o no, el sesgo en la cobertura de los medios de comunicación puede moldear la opinión pública al presentar la información bajo una luz particular o proporcionar una gama limitada de perspectivas. Un medio de comunicación con un sesgo conservador puede enmarcar los temas desde una perspectiva de derechas, mientras que uno con un sesgo liberal puede enfatizar puntos de vista alineados con ideologías de izquierdas. Como resultado, las personas que dependen en gran medida de una única fuente mediática pueden estar expuestas a una versión sesgada de los acontecimientos, lo que conduce a la formación de opiniones y percepciones sesgadas. El auge de las plataformas de medios sociales ha acentuado aún más la influencia de los medios en la opinión pública y la percepción. Con la llegada de los medios sociales, los individuos tienen ahora acceso inmediato a un amplio abanico de opiniones e información. La facilidad con la que se difunde la información en los medios sociales también plantea retos. La rápida circulación de noticias, independientemente de su veracidad, puede moldear la opinión y la percepción públicas basándose en información inexacta o incompleta. La propagación viral de rumores y relatos falsos puede tener consecuencias de gran alcance, ya que las personas se forman opiniones y toman decisiones basándose en información errónea. Las plataformas de los medios sociales tienen algoritmos que refuerzan las creencias y preferencias existentes de los usuarios, contribuyendo aún más a la formación de cámaras de eco y a la polarización de la opinión pública. La influencia de los medios de comunicación en la formación de la opinión y la percepción públicas es un fenómeno complejo y polifacético. Los medios de comunicación pueden moldear el discurso público mediante la selección de historias, el encuadre y el sesgo, influyendo así en lo que los individuos consideran importante y moldeando sus actitudes y creencias. La llegada de las redes sociales ha acelerado la influencia de los medios de comunicación en la formación de la opinión pública, ya que los individuos están continuamente expuestos a una gran cantidad de información, tanto exacta como inexacta. Así pues, comprender y evaluar críticamente el papel de los medios de comunicación en la formación de la opinión pública es esencial para fomentar una ciudadanía informada y comprometida.

CONSIDERACIONES ÉTICAS EN LA COMUNICACIÓN MEDIÁTICA Y SUS EFECTOS EN LA SOCIEDAD

Las consideraciones éticas en la comunicación mediática desempeñan un papel crucial en la configuración de la sociedad y sus valores. A medida que los medios de comunicación siguen aumentando su influencia y alcance, resulta cada vez más importante analizar las implicaciones éticas de su contenido. El poder y la responsabilidad que poseen los profesionales de los medios de comunicación les permiten moldear la opinión pública, influir en las decisiones políticas e influir en el comportamiento individual. Es imperativo que los profesionales de los medios de comunicación se adhieran a los principios éticos para evitar consecuencias negativas en la sociedad. Una de las consideraciones éticas clave en la comunicación mediática es la difusión de información exacta y objetiva. Los medios de comunicación son la principal fuente de noticias e información para millones de personas en todo el mundo. Por consiguiente, es crucial que los profesionales de los medios de comunicación den prioridad a la verdad, la exactitud y la imparcialidad en sus informaciones. La desinformación o la distorsión de los hechos pueden tener graves ramificaciones en la opinión pública y la formulación de políticas. En los últimos años, el auge de las noticias falsas y la difusión de desinformación en las plataformas de las redes sociales han suscitado preocupación por el papel de los medios de comunicación en la difusión de información falsa. Esto pone de relieve la importancia de mantener unas normas éticas y ejercer un periodismo responsable para evitar la erosión de la confianza en las instituciones mediáticas. Otra consideración ética en la comunicación mediática está relacionada con la representación y el retrato de personas y grupos diversos. Los medios de comunicación tienen una influencia significativa en la formación de las percepciones y actitudes sociales hacia las distintas razas, etnias, géneros y clases sociales. Los profesionales de los medios de comunicación deben esforzarse por ofrecer representaciones precisas y equilibradas que reflejen la diversidad de la sociedad. La representación errónea o insuficiente de ciertos grupos puede perpetuar los estereotipos, reforzar la discriminación y marginar a las comunidades infrarrepresentadas. Al incorporar voces y perspectivas diversas al contenido de los medios, los profesionales de los medios pueden contribuir a una sociedad más integradora y equitativa. Los profesionales de los medios de comunicación deben tener en cuenta su responsabilidad hacia la intimidad y la dignidad de las personas. La era digital ha planteado retos sin precedentes en relación con el derecho a la intimidad y la protección de los datos personales. Con el rápido avance de la tecnología, las plataformas de los medios de comunicación han obtenido acceso a grandes cantidades de información personal, a menudo sin el consentimiento explícito de las personas. Los profesionales de los medios de comunicación deben navegar por este campo de minas ético estableciendo límites claros en relación con la recogida, almacenamiento y difusión de datos personales. Respetar los derechos individuales a la intimidad ayuda a mantener la confianza entre los medios de comunicación y sus audiencias, garantizando que los medios sigan siendo una fuerza positiva en la sociedad. Las consideraciones éticas en la comunicación mediática se extienden a la industria publicitaria. La publicidad desempeña un papel fundamental en la financiación de los medios de comunicación y facilita la difusión de la información. Es importante equilibrar los intereses comerciales con la responsabilidad de mantener la veracidad y evitar las prácticas engañosas. En la búsqueda de beneficios, los medios de comunicación deben asegurarse de que el contenido publicitario se adhiere a las normas éticas y no engaña ni manipula a los consumidores. Esto incluye etiquetar de forma transparente el contenido patrocinado y evitar apoyos que comprometan la integridad editorial. Las prácticas publicitarias éticas son esenciales para crear una base de consumidores informados y capacitados y para salvaguardar la integridad de la comunicación mediática. Las consideraciones éticas en torno a la comunicación mediática también implican la cuestión de la censura y la libertad de expresión. En muchos países, los gobiernos ejercen diversos grados de control y censura sobre los medios de comunicación. Aunque la supresión de información puede estar justificada en determinados casos, como por motivos de seguridad nacional, plantea cuestiones éticas sobre los límites de la libertad de expresión. Los profesionales de los medios de comunicación deben sortear este dilema ético encontrando un equilibrio entre la información responsable y la resistencia contra la censura indebida. Al defender los principios periodísticos y abogar por la libertad de prensa, los profesionales de los medios de comunicación pueden contribuir a una sociedad que valora la transparencia, la responsabilidad y la libre circulación de la información. Las consideraciones éticas en la comunicación mediática tienen efectos de gran alcance en la sociedad. Los profesionales de los medios de comunicación tienen la obligación moral de dar prioridad a la exactitud, la imparcialidad y la veracidad en sus informaciones. Deben esforzarse por representar perspectivas y comunidades diversas para fomentar la inclusión y la igualdad. Respetar el derecho a la intimidad, mantener prácticas publicitarias éticas y defender la libertad de prensa son también elementos vitales de una comunicación responsable en los medios de comunicación. Al adherirse a estos principios éticos, los profesionales de los medios de comunicación pueden contribuir a una sociedad más informada, empoderada y justa. La comunicación ética en los medios de comunicación no es sólo un deber profesional, sino también una responsabilidad social que configura los valores y aspiraciones de las personas y las comunidades.

COMUNICACIÓN INTERCULTURAL

La comunicación intercultural es un aspecto vital de la interacción humana, especialmente en el mundo globalizado de hoy. A medida que el mundo está cada vez más interconectado, personas de diversas culturas entran en contacto con mayor frecuencia. Esto requiere la necesidad de una comunicación eficaz entre individuos de distintos orígenes culturales para entenderse, respetarse y colaborar entre sí. La comunicación intercultural se refiere al proceso de intercambio de información, ideas y significados entre personas de distintas culturas. Implica no sólo la comunicación verbal, sino también las señales no verbales, como el lenguaje corporal, los gestos y las expresiones, que pueden variar según las distintas culturas. La capacidad de entablar una comunicación intercultural eficaz es esencial en diversos contextos, como la educación, la empresa, la política y las relaciones personales. La comunicación intercultural desempeña un papel fundamental en la educación. En un aula diversa, donde los alumnos proceden de distintos entornos culturales, la comunicación eficaz resulta crucial tanto para los alumnos como para los profesores. Los profesores deben ser conscientes de las diferencias culturales para crear un entorno de aprendizaje propicio en el que todos los alumnos se sientan incluidos y valorados. Deben adoptar estrategias de enseñanza que atiendan a los distintos estilos de aprendizaje, preferencias y patrones de comunicación entre alumnos de diversas culturas. La comunicación intercultural en la educación va más allá de las paredes del aula. Incluye la colaboración entre instituciones educativas de distintos países, los programas de intercambio y la facilitación del diálogo intercultural entre alumnos y educadores. Estos esfuerzos ayudan a fomentar una mentalidad global entre los alumnos, mejoran su comprensión cultural y desarrollan sus habilidades comunicativas, esenciales para su éxito futuro en una sociedad globalizada. Del mismo modo, la comunicación intercultural es crucial en el ámbito empresarial. Con la globalización, las empresas están ampliando sus operaciones a escala internacional, lo que hace más significativa la necesidad de unas habilidades de comunicación intercultural eficaces. Para competir con éxito en el mercado global, las empresas deben comprender los matices culturales y los estilos de comunicación de sus mercados objetivo. Esto implica reconocer las barreras lingüísticas, las normas culturales, los valores y las costumbres, y adaptar las estrategias de marketing en consecuencia. Una marca global como Coca-Cola tuvo que enfrentarse al reto de traducir su eslogan "Open Happiness" para los consumidores chinos. En chino, la traducción directa del eslogan no resonaba con el significado pretendido, así que la empresa tuvo que idear una frase culturalmente apropiada que transmitiera el mismo mensaje con eficacia. Estos casos ponen de relieve la importancia de la comunicación intercultural para garantizar el éxito y la eficacia de las estrategias empresariales globales. La política es otro campo en el que la comunicación intercultural desempeña un papel crucial. En una era de sociedades cada vez más multiculturales, los líderes políticos deben poseer sólidas habilidades de comunicación intercultural para relacionarse eficazmente con poblaciones diversas. Comprender las distintas perspectivas culturales permite a los políticos abordar las necesidades y preocupaciones de diversas comunidades, lo que conduce a políticas más integradoras y a una mejor gobernanza. La comunicación intercultural desempeña un papel clave en la diplomacia y las relaciones internacionales. Los diplomáticos deben poseer una capacidad de comunicación excepcional para sortear las diferencias culturales, negociar con eficacia y entablar relaciones diplomáticas con otras naciones. La comprensión cultural y la comunicación eficaz desempeñaron un papel importante en las negociaciones entre Estados Unidos e Irán sobre el acuerdo nuclear. Los diplomáticos se basaron en la comunicación intercultural para salvar diferencias, generar confianza y encontrar puntos en común, lo que finalmente condujo a un acuerdo histórico. La comunicación intercultural es esencial para construir y mantener relaciones personales significativas. En una sociedad cada vez más diversa, los individuos interactúan a diario con personas de diversos orígenes culturales. Una comunicación intercultural eficaz mejora las relaciones interpersonales al fomentar la comprensión mutua, el respeto y la empatía. Ser capaz de comunicarse y empatizar con personas de distintos orígenes ayuda a evitar malentendidos, conflictos y estereotipos. Sin una comunicación intercultural eficaz, pueden surgir malentendidos e interpretaciones erróneas, que den lugar a relaciones tensas. La comunicación intercultural promueve el intercambio cultural, el aprecio y la tolerancia, fomentando una sociedad armoniosa e integradora. La comunicación intercultural es un componente crucial de la comunicación humana en el mundo globalizado actual. Abarca el intercambio de información, ideas y significados entre individuos de distintos orígenes culturales. La comunicación intercultural eficaz es necesaria en diversos contextos, como la educación, los negocios, la política y las relaciones personales. Al comprender y practicar las habilidades de comunicación intercultural, las personas pueden sortear las diferencias culturales, fomentar la comprensión y la colaboración y, en última instancia, contribuir a una sociedad global más integradora e interdependiente.

RETOS Y VENTAJAS DE LA COMUNICACIÓN ENTRE CULTURAS DIVERSAS

Los retos y las ventajas de comunicarse a través de diversas culturas son un aspecto integral del arte de la comunicación. En el mundo globalizado de hoy en día, interactuar con personas de distintos orígenes culturales se ha convertido en algo habitual. Este encuentro conlleva diversos obstáculos que exigen una cuidadosa consideración y comprensión. Uno de los principales retos es la existencia de barreras lingüísticas. Al comunicarse entre culturas, es crucial reconocer que las diferencias lingüísticas pueden obstaculizar la comunicación eficaz y dar lugar a malentendidos. Sin un lenguaje compartido, las personas pueden tener dificultades para expresar sus pensamientos y emociones con precisión. Las diferentes perspectivas culturales y visiones del mundo influyen en la forma de comunicarse de las personas, por lo que es imprescindible comprender los matices y sutilezas que conlleva la comunicación entre culturas diversas. Otro reto de la comunicación intercultural es la presencia de estereotipos y prejuicios. Es esencial abordar la comunicación con una mente abierta y ser consciente de las ideas preconcebidas que uno pueda tener sobre determinadas culturas. Los estereotipos pueden dar lugar a suposiciones sesgadas, juicios e incluso interpretaciones erróneas de los mensajes. Superar los estereotipos requiere esfuerzo, empatía y voluntad de aprender sobre otras culturas. Evitando las generalizaciones y tratando a cada individuo como único, se pueden sortear los obstáculos y fomentar un entorno de comunicación más integrador y respetuoso. Sin embargo, a pesar de los retos, la comunicación entre culturas diversas ofrece numerosas ventajas que enriquecen el arte de la comunicación. Una de las principales ventajas es la oportunidad de ampliar la propia perspectiva. Las culturas enriquecidas con diferentes costumbres, creencias y valores proporcionan valiosas percepciones y formas alternativas de pensar. A través de la comunicación intercultural, las personas pueden desarrollar una comprensión más rica del mundo y ser más tolerantes y aceptar las diferencias. Esta exposición mejora la capacidad de adaptarse, comunicarse eficazmente y establecer relaciones sólidas con personas de diversos orígenes. La comunicación intercultural fomenta la creatividad y la innovación. El intercambio de ideas entre culturas puede suscitar nuevas formas de abordar los problemas y generar soluciones únicas. Las distintas culturas tienen enfoques diferentes de la creatividad, la resolución de problemas y la toma de decisiones. Abrazando la diversidad e integrando diversas perspectivas, las personas pueden aprovechar una riqueza de conocimientos y experiencia que puede impulsar la innovación y conducir a mejores resultados. La comunicación entre culturas facilita el crecimiento personal y el conocimiento de uno mismo. Interactuar con personas de orígenes diversos invita a la autorreflexión y pone en tela de juicio las propias suposiciones y prejuicios. A través de estos intercambios, las personas se vuelven más conscientes de su propio bagaje cultural, sus prejuicios y sus hábitos de comunicación. Esta autoconciencia permite el crecimiento personal en términos de empatía, aceptación y adaptabilidad. Anima a los individuos a reflexionar sobre su estilo de comunicación y a esforzarse por ser comunicadores más eficaces e integradores. La comunicación intercultural proporciona una vía para desarrollar la competencia intercultural. La capacidad de navegar por las diferencias culturales y comunicarse eficazmente en entornos diversos es una habilidad valiosa en el mundo interconectado de hoy. Desarrollar la competencia intercultural implica adquirir conocimientos sobre las distintas culturas, comprender sus costumbres, normas y valores, y emplear estrategias de comunicación adecuadas. Esta competencia no sólo mejora las relaciones personales y profesionales, sino que también abre oportunidades de colaboración y éxito en una sociedad cada vez más global. El arte de comunicarse a través de diversas culturas presenta su propio conjunto de retos y ventajas. Las barreras lingüísticas, los estereotipos y los prejuicios pueden impedir una comunicación intercultural eficaz. Al superar estos retos, las personas pueden cosechar las recompensas que conllevan estos intercambios. Ampliar las perspectivas, fomentar la creatividad, estimular el crecimiento personal y desarrollar la competencia intercultural son sólo algunas de las numerosas ventajas de la comunicación entre diversas culturas. Abrazar la singularidad de cada cultura, fomentar la apertura mental y cultivar la empatía son componentes vitales para lograr una comunicación eficaz y significativa en un mundo culturalmente diverso.

ESTRATEGIAS PARA PROMOVER UNA COMUNICACIÓN INTERCULTURAL EFICAZ

La segunda estrategia para promover una comunicación intercultural eficaz es fomentar la sensibilidad y la conciencia culturales. La sensibilidad cultural se refiere a tener un profundo conocimiento y aprecio de las diferentes prácticas, creencias y valores culturales. Implica reconocer y respetar las diferencias culturales y ser capaz de adaptar el propio estilo de comunicación en consecuencia. Para fomentar la sensibilidad cultural, los individuos deben desarrollar primero un nivel de autoconciencia y autorreflexión, explorando sus propios prejuicios y suposiciones culturales. Al comprender su propio marco cultural, las personas pueden abordar la comunicación intercultural con una mente abierta, sin hacer suposiciones ni juicios. Las personas deben tratar activamente de aprender sobre las distintas culturas y participar en una educación continua sobre la diversidad cultural. Esto puede hacerse leyendo libros y artículos, asistiendo a actos culturales o participando en talleres centrados en perspectivas globales. Buscando activamente oportunidades para aprender sobre distintas culturas, las personas pueden ampliar sus conocimientos y cuestionar sus propios supuestos. Promover la sensibilidad cultural implica ser consciente de las señales de comunicación no verbal y adaptar el propio estilo de comunicación en consecuencia. En algunas culturas, el contacto visual directo puede verse como un signo de respeto y compromiso, mientras que en otras puede considerarse grosero o de confrontación. Siendo conscientes de estas diferencias y adaptando nuestro comportamiento, podemos fomentar un mayor nivel de comprensión y conexión con personas de distintos orígenes culturales. Además de la sensibilidad cultural, la conciencia cultural es otro aspecto importante para fomentar una comunicación intercultural eficaz. La conciencia cultural se refiere al conocimiento y la comprensión de diferentes prácticas, creencias y valores culturales. Esto incluye comprender las normas, tradiciones y costumbres culturales, así como ser consciente de las diferencias culturales en los estilos de comunicación. Al desarrollar la conciencia cultural, las personas pueden navegar por las interacciones interculturales con mayor eficacia, evitando malentendidos y conflictos. En algunas culturas, la comunicación indirecta es la norma, y las personas utilizan indicios y pistas sutiles para transmitir sus mensajes. En cambio, en otras culturas se valora la comunicación directa y explícita. Al comprender estos diferentes estilos de comunicación, las personas pueden ajustar sus propios patrones de comunicación para garantizar una comunicación eficaz. Desarrollar la conciencia cultural también implica reconocer y cuestionar los estereotipos y los prejuicios. Los estereotipos son generalizaciones sobre una determinada cultura o grupo de personas, a menudo basadas en información limitada o sesgada. Pueden dar lugar a malentendidos, falta de comunicación e incluso discriminación. Al cuestionar los estereotipos y tratar de comprender a cada individuo como único, las personas pueden derribar barreras y promover una comunicación intercultural eficaz. Otra estrategia para promover una comunicación intercultural eficaz es hacer hincapié en la escucha activa y la empatía. La escucha activa es una habilidad fundamental en la comunicación intercultural, ya que implica implicarse plenamente en las señales verbales y no verbales del interlocutor, y estar presente en el momento. Al escuchar activamente, las personas no sólo comprenden mejor el mensaje que se transmite, sino que también indican al interlocutor que se les valora y respeta. En la comunicación intercultural, la escucha activa es especialmente importante, ya que permite captar las sutiles señales y matices culturales. La escucha activa también implica demostrar empatía y comprensión. La empatía implica ponerse en el lugar de otra persona e intentar comprender sus experiencias, pensamientos y emociones. Demostrando empatía, las personas pueden generar confianza y compenetración con personas de distintos orígenes culturales. Es importante señalar que la empatía no significa estar de acuerdo con el punto de vista de otra persona, sino mostrar respeto y validar sus experiencias. Promover una comunicación intercultural eficaz requiere la aplicación de diversas estrategias. Estas estrategias incluyen desarrollar la sensibilidad y la conciencia culturales, hacer hincapié en la escucha activa y la empatía, y reconocer y cuestionar los estereotipos. Aplicando estas estrategias, las personas pueden establecer conexiones significativas y crear una comunidad global más inclusiva y armoniosa. En las últimas décadas, con el rápido avance de la tecnología y la omnipresencia de Internet, el arte de comunicarse ha sufrido una transformación significativa. En la era digital actual, la comunicación es más rápida, eficaz y accesible que nunca. Ahora podemos conectar con personas de medio mundo con sólo pulsar un botón, compartir nuestros pensamientos e ideas en tiempo real y mantener conversaciones virtuales con varias personas a la vez. A medida que la comunicación sigue evolucionando, es esencial reconocer y comprender los posibles inconvenientes y retos que conllevan estas nuevas formas de interacción. Uno de los principales problemas que surgen con la llegada de la comunicación digital es la falta de señales no verbales. Cuando nos comunicamos cara a cara, no sólo confiamos en nuestras palabras para transmitir nuestro mensaje, sino también en nuestras expresiones faciales, lenguaje corporal y tono de voz. Estas señales no verbales desempeñan un papel crucial en la transmisión de emociones, el establecimiento de la confianza y la construcción de relaciones. Cuando nos comunicamos a través de plataformas basadas en texto, como correos electrónicos, mensajería instantánea o redes sociales, perdemos estas señales no verbales, lo que puede dar lugar a interpretaciones erróneas y malentendidos. Sin poder ver la expresión facial de alguien ni oír su tono de voz, es difícil calibrar con precisión sus emociones o intenciones, lo que puede dar lugar a conflictos o relaciones tensas. Además de la ausencia de señales no verbales, la brevedad e informalidad de la comunicación digital también puede dificultar una comunicación eficaz. Con el auge de las redes sociales y la popularidad de las aplicaciones de mensajería, la gente se ha acostumbrado a comunicarse con mensajes breves y concisos. Aunque esto puede ser eficaz para intercambios rápidos o para compartir información, puede obstaculizar el desarrollo de conversaciones en profundidad o de conexiones significativas. El espacio limitado y la naturaleza informal de la comunicación digital a menudo priorizan la eficacia sobre los matices, lo que conduce a interacciones superficiales o malentendidos. La afluencia constante de mensajes y notificaciones puede crear una sensación de urgencia y distracción, lo que dificulta una comunicación centrada y reflexiva. Otro reto que presenta la comunicación digital es el potencial anonimato y la difusión de información errónea. El anonimato que proporcionan las plataformas en línea puede animar a las personas a decir o hacer cosas con las que no se sentirían cómodas en persona. Esta falta de responsabilidad puede conducir a una disminución del civismo y el respeto en las interacciones en línea. La facilidad con la que la información puede compartirse y difundirse en Internet puede conducir a una abundancia de desinformación y noticias falsas. Con la propagación de la desinformación, cada vez es más difícil distinguir los hechos de la ficción, lo que lleva a la confusión, la polarización y la ruptura de la comunicación eficaz. Aunque la comunicación digital plantea ciertamente sus retos, también ofrece numerosas oportunidades de crecimiento y conexión. El ámbito digital nos permite conectar con personas de diversos orígenes, culturas y perspectivas, fomentando la comprensión y la empatía globales. Proporciona una plataforma para que se oigan las voces marginadas, creando oportunidades para el activismo, la defensa y el cambio social. La comunicación digital ha abierto nuevas vías de aprendizaje y colaboración, ya que las personas pueden acceder a grandes cantidades de información y relacionarse con expertos en diversos campos. Permite un mayor acceso a recursos educativos, cursos en línea y conferencias virtuales, proporcionando oportunidades para el desarrollo personal y profesional. Para navegar eficazmente por las complejidades de la comunicación digital, es crucial desarrollar y mantener unas sólidas habilidades de comunicación. La escucha activa, la empatía y la apertura mental son sólo algunas de las habilidades que pueden ayudar a fomentar conexiones digitales significativas y auténticas. Involucrándonos activamente con los demás, pidiendo aclaraciones cuando sea necesario y siendo conscientes de los posibles prejuicios y suposiciones, podemos trabajar para salvar las distancias en la comprensión y construir relaciones auténticas, incluso en la esfera digital. El arte de comunicarse ha sufrido una transformación significativa en la era digital. Aunque los avances tecnológicos han hecho que la comunicación sea más rápida y accesible, también han planteado nuevos retos. La falta de señales no verbales, la brevedad y la informalidad de la comunicación digital pueden dificultar una interacción eficaz, dando lugar a interpretaciones erróneas y malentendidos. El anonimato y la difusión de información errónea en Internet pueden complicar aún más los procesos de comunicación. Mediante el desarrollo de sólidas habilidades de comunicación y un enfoque consciente, podemos aprovechar las oportunidades que ofrece la comunicación digital para fomentar la comprensión, la conexión y el crecimiento. Comprendiendo y sorteando las complejidades de la comunicación digital, podemos seguir evolucionando y adaptando nuestras prácticas de comunicación para conectar y colaborar eficazmente con los demás en este mundo digital en constante cambio.

VI. CONCLUSIÓN

La comunicación eficaz es un arte que requiere habilidad, práctica y conciencia. Es un aspecto vital de la interacción humana, ya que permite a los individuos transmitir sus pensamientos, sentimientos e ideas a los demás. A lo largo de este libro, hemos explorado diversos elementos que contribuyen a la comunicación eficaz. Hemos hablado de la importancia de la escucha activa, el fomento de la empatía, la gestión de las emociones y la atención a las señales no verbales. Hemos destacado la importancia de adaptar las estrategias de comunicación a los distintos contextos y públicos. Empleando estas técnicas, las personas pueden mejorar su capacidad para comunicarse eficazmente, establecer relaciones sólidas y resolver conflictos. Hemos examinado el papel de la tecnología en la comunicación y cómo ha revolucionado nuestra forma de conectar con los demás. Aunque la tecnología ofrece comodidad y eficacia, también presenta retos, como la mala interpretación de los mensajes y la erosión de las interacciones cara a cara. Para superar estos retos, es fundamental que las personas encuentren un equilibrio entre la comunicación digital y la interpersonal. La comunicación eficaz es un proceso continuo que requiere reflexión, aprendizaje y perfeccionamiento. A medida que los individuos se esfuerzan por ser mejores comunicadores, contribuyen a una sociedad más armoniosa y comprensiva. Así pues, el arte de comunicarse no es sólo un empeño personal, sino también un esfuerzo colectivo por cultivar la empatía, la colaboración y el entendimiento mutuo.

LA IMPORTANCIA DE UNA COMUNICACIÓN EFICAZ

La comunicación eficaz es crucial en todos los ámbitos de la vida, y no se puede exagerar su importancia. A lo largo de la historia, las civilizaciones han confiado en la comunicación para compartir y preservar el conocimiento, facilitar el comercio, establecer relaciones y resolver conflictos. En el acelerado e interconectado mundo actual, la necesidad de una comunicación eficaz no ha hecho sino aumentar. Ya sea en nuestras relaciones personales, en nuestros esfuerzos profesionales o incluso en nuestras interacciones cotidianas con desconocidos, la capacidad de transmitir nuestros pensamientos, ideas y emociones con claridad y empatía es esencial. Una comunicación eficaz nos permite comprender y ser comprendidos, fomentando la confianza, la cooperación y la armonía. Por el contrario, una comunicación deficiente suele dar lugar a malentendidos, conflictos y oportunidades perdidas. Para dominar realmente el arte de la comunicación, no sólo hay que saber expresarse con habilidad, sino también escuchar activamente y responder con reflexión. Esto requiere una profunda comprensión y apreciación de los entresijos de la comunicación humana, así como un compromiso de aprendizaje y crecimiento continuos en este ámbito. Reconociendo la importancia de la comunicación eficaz y adoptando los principios que la sustentan, podemos mejorar nuestras relaciones, avanzar en nuestras carreras y contribuir positivamente al mundo que nos rodea. La comunicación eficaz es especialmente esencial en nuestras relaciones personales. Ya sea con la familia, los amigos o la pareja, las relaciones sanas y satisfactorias se basan en una comunicación abierta y eficaz. Expresando nuestras necesidades, deseos y sentimientos con claridad y respeto, podemos asegurarnos de que nuestros seres queridos nos entienden y pueden responder en consecuencia. La comunicación también es crucial para resolver conflictos y evitar que los malentendidos vayan a más. Mediante el diálogo abierto y la escucha activa, podemos identificar y abordar los problemas antes de que se conviertan en obstáculos insalvables, permitiendo que nuestras relaciones prosperen y crezcan. La comunicación eficaz fomenta la empatía y la comprensión, permitiéndonos conectar a un nivel más profundo con las personas más cercanas a nosotros. Al escuchar de verdad a los demás y validar sus pensamientos y emociones, cultivamos la confianza y reforzamos nuestros vínculos. Así pues, la comunicación eficaz no sólo es clave para mantener relaciones sanas, sino también para alimentarlas y enriquecerlas. En el ámbito profesional, la comunicación eficaz es igualmente vital. Ya sea en el lugar de trabajo, en el aula o en cualquier otro entorno profesional, la comunicación clara y concisa es esencial para el éxito. Los empresarios valoran a los empleados que saben comunicarse eficazmente, ya que permite un intercambio eficiente de información, ideas y opiniones. La capacidad de articular pensamientos e ideas de forma elocuente y persuasiva puede ayudar a las personas a destacar y avanzar en sus carreras. La comunicación eficaz fomenta la colaboración y el trabajo en equipo, ya que permite a los individuos trabajar en armonía hacia un objetivo común. Escuchando atentamente los puntos de vista de los demás, comunicando sus propias ideas con claridad y proporcionando comentarios constructivos, los profesionales pueden establecer relaciones de trabajo sólidas y productivas. La comunicación eficaz es crucial en las funciones de liderazgo, ya que capacita a los líderes para inspirar y motivar a sus equipos, establecer expectativas claras y guiar y apoyar a sus subordinados. Mediante una comunicación eficaz, las personas no sólo pueden destacar en su profesión, sino también crear un entorno de trabajo positivo e integrador que fomente el crecimiento y la innovación. Más allá de nuestras relaciones personales y nuestra vida profesional, la comunicación eficaz también es vital en nuestras interacciones cotidianas con extraños y con la sociedad en general. Ya sea hablando con nuestros vecinos, comprometiéndonos con la comunidad o participando en el discurso público, la comunicación eficaz nos permite contribuir de forma significativa al mundo que nos rodea. Escuchando atenta y respetuosamente los puntos de vista de los demás, podemos ampliar nuestros horizontes y cuestionar nuestros propios prejuicios. La comunicación eficaz nos permite expresar nuestras opiniones y defender causas y temas que nos preocupan. A menudo es a través de la comunicación como se inicia el cambio social, ya que permite difundir información, compartir historias y movilizar a las personas hacia una causa común. Al adoptar una comunicación eficaz, podemos convertirnos en participantes activos en nuestras comunidades y contribuir a la mejora de la sociedad en su conjunto. La comunicación eficaz es primordial en todos los aspectos de la vida. Es la base sobre la que se construyen relaciones sanas y satisfactorias, la clave del éxito en los esfuerzos profesionales y un medio de contribuir positivamente al mundo. Si reconocemos la importancia de una comunicación eficaz y perfeccionamos continuamente nuestras habilidades en este campo, podremos mejorar nuestras relaciones, avanzar en nuestras carreras y tener un impacto significativo en la sociedad. El arte de la comunicación es un viaje que dura toda la vida, y mientras navegamos por él, recordemos que cada interacción representa una oportunidad para practicar y perfeccionar esta valiosísima habilidad.

RESUMEN DE LOS PUNTOS CLAVE DEBATIDOS

En resumen, este libro ha explorado el arte de la comunicación desde varias perspectivas. Ha empezado analizando la importancia de las habilidades de comunicación eficaz tanto en el ámbito personal como en el profesional. A continuación, ha profundizado en los elementos esenciales de la comunicación, destacando la importancia de las formas de expresión verbal, no verbal y escrita. También se ha hecho hincapié en el papel de la escucha activa como componente crucial de la comunicación. Ha examinado las barreras que pueden impedir el éxito de la comunicación, como las diferencias culturales, las barreras lingüísticas y los filtros emocionales. Ha analizado el impacto de la tecnología en la comunicación, destacando tanto sus aportaciones positivas como sus posibles escollos. Se ha subrayado la importancia del contexto y de comprender a la audiencia, ya que estos factores influyen mucho en la eficacia de la comunicación. También se ha explorado el papel de la empatía y la inteligencia emocional en el fomento de conexiones significativas a través de la comunicación. Concluye subrayando el valor del aprendizaje continuo y la autorreflexión para mejorar las propias habilidades comunicativas. Este libro ha proporcionado una visión global del arte de comunicarse, abarcando puntos clave relacionados con la comunicación eficaz, las barreras, el impacto de la tecnología, la comprensión contextual, la empatía y la superación personal.

REFLEXIONES FINALES SOBRE LA IMPORTANCIA DE DOMINAR EL ARTE DE LA COMUNICACIÓN EN EL DESARROLLO PERSONAL Y PROFESIONAL

Dominar el arte de la comunicación tiene una importancia inmensa tanto en el desarrollo personal como en el profesional. Las habilidades comunicativas eficaces permiten a las personas expresarse con claridad, precisión y confianza, estableciendo así conexiones significativas con los demás. Esta capacidad fomenta las relaciones personales sólidas y permite a los individuos desenvolverse en las interacciones sociales con facilidad y gracia. En el ámbito profesional, la comunicación eficaz es una habilidad fundamental que mejora la productividad, la colaboración y la eficacia del liderazgo. Ser experto en comunicación permite a las personas expresar sus ideas, escuchar activamente y resolver conflictos con eficacia, lo que aumenta la satisfacción en el trabajo y el éxito profesional. Las habilidades de comunicación son cruciales para crear y mantener un entorno de trabajo positivo y cohesionado, en el que los compañeros puedan entenderse y apoyarse mutuamente. Dominar la comunicación permite a las personas convertirse en líderes eficaces que inspiran y motivan a los demás, impulsando el crecimiento y el éxito de la organización. Es importante señalar que dominar el arte de la comunicación es un proceso continuo que requiere autoconciencia, práctica y aprendizaje permanente. La capacidad de adaptar los estilos de comunicación a diferentes contextos e individuos es vital para una comunicación eficaz. Utilizar señales de comunicación no verbal, como el lenguaje corporal y el tono de voz, puede contribuir en gran medida a transmitir mensajes con precisión y empatía. En la era digital actual, dominar el arte de la comunicación también implica dominar la comunicación escrita, incluida la etiqueta del correo electrónico y la correspondencia profesional. Al perfeccionar estas habilidades, las personas pueden transmitir eficazmente sus pensamientos e ideas, creando credibilidad y logrando los resultados deseados. En nuestro mundo interconectado y globalizado, la comunicación trasciende las fronteras y permite a las personas conectar con diversas culturas y perspectivas. Al dominar la comunicación intercultural eficaz, los individuos pueden navegar por las diferencias culturales, fomentar la inclusividad y construir relaciones sólidas más allá de las fronteras geográficas. La comunicación eficaz es crucial para resolver conflictos y negociar resultados mutuamente beneficiosos. Desarrollando la capacidad de escucha activa y cultivando la empatía, las personas pueden fomentar la comprensión y la colaboración, lo que conduce a soluciones beneficiosas para todos. La comunicación eficaz desempeña un papel vital en el crecimiento personal y la autodefensa. Al articular sus necesidades, objetivos y límites, las personas pueden hacerse valer, tomar decisiones informadas y establecer límites saludables en su vida personal y profesional. Dominar el arte de la comunicación es una habilidad esencial que contribuye al desarrollo personal y profesional. Al perfeccionar las habilidades de comunicación, las personas pueden establecer conexiones significativas, navegar por las interacciones sociales y fomentar relaciones sólidas. En el ámbito profesional, la comunicación eficaz aumenta la productividad, la colaboración, la eficacia del liderazgo y la satisfacción en el trabajo. Las habilidades comunicativas son vitales para crear entornos de trabajo positivos y convertirse en líderes eficaces capaces de inspirar y motivar a los demás. Sin embargo, dominar la comunicación es un proceso continuo que requiere autoconciencia, práctica y aprendizaje permanente. Implica adaptar los estilos de comunicación a diferentes contextos, utilizar las señales no verbales y dominar la comunicación escrita, incluida la correspondencia digital. La comunicación eficaz trasciende las fronteras, permitiendo a las personas conectar con diversas culturas y perspectivas. Es crucial para resolver conflictos, negociar resultados y promover el crecimiento personal y la autodefensa. Dominar el arte de la comunicación es fundamental para el éxito y la realización en todos los aspectos de la vida.

189

BIBLIOGRAFÍA

Jason S. Wrench. 'El impacto de las redes sociales en las relaciones románticas modernas'. Narissra M. Punyanunt-Carter, Lexington Books, 26/4/2017

Scott R. Harris. 'El Yo Social y la Vida Cotidiana'. Comprender el mundo a través del interaccionismo simbólico, Kathy Charmaz, John Wiley & Sons, 1/11/2018

Deborah Dalley. 'Cómo Desarrollar tus Habilidades de Asertividad y Confianza en tu Comunicación para Alcanzar el Éxito. Cómo Desarrollar Tu Confianza y Asertividad para Manejarte'. Universe of Learning Limited, 1/1/2013

Suzanne Potts. 'Asertividad'. Cómo ser fuerte en cualquier situación, Conrad Potts, John Wiley & Sons, 29/3/2013

Ismael Elguezabal. 'Técnicas de Escucha Activa'. Guía práctica para practicar las habilidades de escucha activa: Técnicas Para Mejorar Las Habilidades De Escucha Activa, Amazon Digital Services LLC - KDP Print US, 24/08/2021

Debbie Lundberg. 'Presentar con fuerza'. Lulu.com, 3/10/2011

J. J. Wilson. 'Escuchar activamente'. Michael Rost, Routledge, 4/11/2013

Olivia Dillon. 'Comunicación eficaz'. Dominar las habilidades de comunicación y construir relaciones para toda la vida a través de potentes entrenamientos y estrategias de eficacia probada, Amazon Digital Services LLC - Kdp Print Us, 10/11/2018

María Cantabrana. 'La enseñanza de la Historia en la era digital'. Mario Carretero, Springer Nature, 10/3/2022

Theresa Rose Fitzgerald. 'Diccionario de Matemáticas para Niños'. La guía nº 1 para ayudar a los niños con las matemáticas, Prufrock Press, 1/1/2016

John White. 'Diccionario Routledge de Comunicación No Verbal'. David B. Givens, Routledge, 26/5/2021

Zulfadhli. ICLLE 2019. 'Actas de la 2ª Conferencia Internacional sobre Lengua', Literatura y Educación, ICLLE 2019, 22-23 de agosto, Padang, Sumatra Occidental, Indonesia, Syahrul R , Alianza Europea para la Innovación, 19/7/2019

Louis de Saussure. 'La comunicación verbal'. Andrea Rocci, Walter de Gruyter GmbH & Co KG, 7/3/2016

Instituto de Gestión de Proyectos. 'Guía del Cuerpo de Conocimientos de Gestión de Proyectos (Guía PMBOK) - Séptima Edición y El Estándar para la Gestión de Proyectos (INGLÉS)'. Instituto de Gestión de Proyectos, 7/1/2021

www.ingramcontent.com/pod-product-compliance
Lightning Source LLC
Chambersburg PA
CBHW050725260726
48661CB00001B/72